AMERICAE, Siue Indię Occidentalis pars.
Mare Cin
Ins. de Miaco
Torza
Saendeber
Bandu
IAPAN.
Amaguco
Negru
Hanc insulam M. Paul: Venet Zipangri vocat.
Menlai
Cangaxima
Mazacar
Lequio maior
Lequio minor
Reix magos
Tiguex
OCEANVS
Los dos hermanos
Los Bolcanes
Tropicus Cancri
ORIENTALIS
Lalabrigo
La farfana
Restinga de ladrones.
Zamal
ARCHIPELAGO DIS.
Los iardines.
Hanhan
Cailon.
Aguada
Culuan
Pasaie de S. Clara
Calagan
Mindanao.
Paulogon
Chippit
Cimbubon
Zolo
Bibalon
Sanguin
Talao, alijs Tarrao insule
Ya de cocos.
Morotay
Cenalo.
Hibuston
Abarien
Huinangan
Ya de arrecifes
Insule Molucce celebres ob maxima aromatum copiam, quam per totum terrarū orbem trans ferunt, 5. sunt, iuxta Gilolo nempe; Tarenate, Tidore, Motir, Machiā et Bachia.
LAZARO.
Circulus æquinoctialis.
Celebes
Gilolo
Calamba.
Guebe
Caimam
C. Hermoso
Ambon
Caylan
Bandan
Terra alta
Timor, Tidore ins:
Aruu
Cuto
NOVA GVINEA quam Andreas Corsalus Terram Piccinaculi appellare videtur. An insula sit, an pars continentis Australis incer:
160
180
190

tout un monde

LES EXPLORATEURS

Philip Wilkinson

traduit par Marie-Claire Seewald

ROUGE & OR

Édition originale parue sous le titre :
The Best-Ever Book of Exploration
Première édition : Kingfisher, 2002

Auteur : Philip Wilkinson
Éditeur : Carron Brown

Pour l'édition française :

Réalisation : Accord Toulouse
Traduction : Marie-Claire Seewald
Édition : Véronique Roberty
avec la participation de Caroline Terral

L'éditeur tient à remercier Monsieur Jacques Cantier,
agrégé, docteur en histoire, enseignant à l'université Toulouse-le Mirail
pour sa collaboration à l'édition française du livre.

ISBN : 978-2-26-140424-7
N° d'éditeur : 10184282
Dépôt légal : mars 2012
Imprimé en Chine

Les éditeurs remercient la Royal Geographical Society (avec The Institute of British Geographers) de leur collaboration à cet ouvrage.

SOMMAIRE

DEVENIR EXPLORATEUR

Depuis des siècles et encore aujourd'hui, des hommes et des femmes ont soif de découvrir le monde. Ce sont les explorateurs. Les premiers d'entre eux voyageaient pour rechercher des terres à cultiver, d'autres pour fonder des colonies, prêcher leur religion ou bien encore pour faire fortune. Ils couraient souvent de grands dangers, découvrant des contrées inconnues sur les cartes, où ils risquaient de se heurter à des populations hostiles. Les explorateurs modernes voyagent le plus souvent dans un but scientifique, pour mieux comprendre le monde où nous vivons. S'ils sont aidés par les technologies modernes, ils doivent faire preuve d'autant d'esprit d'initiative que leurs prédécesseurs. Les derniers grands défis se situent dans les régions non explorées du globe – les calottes glaciaires, les fonds des océans ou l'espace – et nécessitent une solide préparation et un équipement adapté.

Les préparatifs
Certaines expéditions exigent de longs mois de préparation. Les explorateurs doivent rechercher leur financement, réunir une équipe et préparer leur matériel. Une grosse expédition peut nécessiter un équipement énorme, depuis les véhicules et les tentes jusqu'au matériel médical, l'essence, la nourriture, les vêtements et les instruments de recherche adéquats. Tout doit être soigneusement choisi et testé avant de partir.

Seuls au monde !

Quelles que soient les raisons d'une exploration, partir dans une région inconnue implique courage et détermination. Même avec les équipements modernes, ces qualités restent toujours indispensables pour les explorateurs d'aujourd'hui. Autrefois, un explorateur ne possédait pas la radio pour demander de l'aide en cas de problème. Il ne pouvait compter que sur ce qu'il avait emporté et sur ce qu'il trouvait sur place pour survivre.

Construire un foyer

Construire un foyer a toujours été l'un des savoir-faire essentiels pour survivre. Le feu permet de se réchauffer et de faire cuire les aliments. Un explorateur moderne peut compter sur différents moyens pour allumer un feu – des allumettes, une pierre à briquet pour obtenir des étincelles ou même un morceau de verre pour faire converger les rayons du soleil dont la chaleur fera jaillir les flammes.

Pourrais-tu devenir un explorateur ou une exploratrice ?

Pour devenir explorateur, tu dois te sentir à l'aise dans la nature, savoir lire une carte, dresser un campement et dispenser les premiers secours. Le meilleur moyen pour acquérir ces talents est de participer à des activités de plein air encadrées par ton école ou de faire partie d'un club de jeunes. Tu comprendras alors que mener à bien une expédition exige de nombreuses qualités. Il faut savoir planifier, rester curieux tout en étant un bon équipier. Mais découvrir et faire partager de nouvelles connaissances sont des activités extrêmement gratifiantes. Lorsque tu te sentiras prêt à aller de l'avant, adresse-toi à l'un des nombreux organismes habilités à donner des conseils.
Des sociétés de géographie, fondées au XIXe siècle, mettent les jeunes en contact avec des groupes qui organisent des expéditions au-delà des mers.

Préparatifs de survie

Les explorateurs traversent des terres inconnues et parfois difficiles. Ils risquent d'y rencontrer de nombreux dangers, loin de tout secours rapide. Il est indispensable qu'ils soient bien préparés et bien équipés. Dans une expédition, chacun est à même de pratiquer les gestes d'urgence ; la composition du groupe doit être équilibrée, avec un médecin, des spécialistes du matériel, d'autres enfin ayant l'expérience du terrain. Chaque membre de l'équipe connait parfaitement les conditions de vie qu'il trouvera sur place et qu'il devra affronter.

Grimper dans la canopée
Dans la jungle, les arbres sont immenses et leurs feuilles forment comme un toit : la canopée. C'est là que se réfugient de nombreuses petites espèces animales des forêts tropicales, car l'épais feuillage empêche la lumière de passer et plonge le sol dans une semi-obscurité.

L'eau
Les forêts tropicales sont des endroits extêmement humides. L'explorateur doit toujours compter avec l'eau, que ce soit pour traverser les cours d'eau (ci-contre) ou pour progresser sur la terre ferme. Les vêtements imperméables qui font transpirer sont inconfortables. Des vêtements légers qui se lavent et sèchent facilement sont mieux adaptés à l'environnement.

Mesurer
Ces explorateurs étudient une zone de la forêt du Brunei (en Asie) qui a été éclaircie. Les plantes repoussent pour former une seconde végétation. Très dense, celle-ci constitue un environnement difficile pour celui qui veut l'explorer.

Dans la forêt tropicale

La forêt tropicale constitue un milieu semé d'embûches pour les explorateurs. Il y fait chaud, humide et sombre. Se frayer un chemin dans la végétation est une entreprise épuisante. Les araignées et les serpents venimeux, les maladies comme la malaria, présentent de réels dangers, tandis que les piqûres d'insectes et les multiples petites blessures peuvent être rapidement source de problèmes. Mais cet habitat incroyablement divers, avec des milliers d'espèces qui vivent en harmonie, est l'un des plus fascinants à explorer.

La forêt au Brunei
Ces scientifiques observent la forêt de ce pays depuis leur bateau, au cours d'une étude menée en 1991 et 1992. Une équipe de 90 chercheurs a exploré une grande partie de la forêt tropicale pratiquement inhabitée, procédant à des études botaniques, zoologiques et géographiques.

Un habitat menacé
Les forêts tropicales sont en danger de disparition, parce qu'elles sont surexploitées pour alimenter l'industrie du bois. Les explorateurs jouent un rôle essentiel en l'étudiant et en la protégeant. Grâce à leurs travaux, nous en savons plus sur la jungle. De nombreuses découvertes importantes (nouvelles espèces animales et nouvelles plantes utiles en médecine) ont été réalisées.

Un camp dans l' Antarctique
Ces explorateurs, équipés d'un GPS (Global Positioning System) en liaison avec les satellites en orbite autour de la Terre, peuvent définir avec précision leur position. Dans les régions polaires, il n'existe pas de repères fiables qui permettent aux explorateurs de se repérer.

L'exploration des pôles

Les explorateurs affrontent des conditions extrêmement difficiles dans l'Arctique et l'Antarctique. Les températures sont souvent inférieures à -50 °C et des vents violents créent des blizzards redoutables.
Les scientifiques qui voyagent dans les régions polaires doivent porter des vêtements adaptés. Les explorateurs des pôles superposent plusieurs couches de vêtements qui permettent au corps de respirer tout en gardant la chaleur. Il est capital de voyager léger pour se déplacer facilement dans ces conditions extrêmes. Les glaciers, les congères et les profondes crevasses rendent la progression particulièrement délicate, même avec des skis et des traîneaux. L'explorateur apprend à connaître et à respecter ce milieu difficile et hostile.

L’exploration des déserts

Il existe plusieurs types de déserts : déserts de sable, déserts de pierre, d’autres encore présentant une maigre végétation ; mais ils ont en commun de connaître de très faibles précipitations. Les températures sont très chaudes durant la journée et glaciales la nuit. Il n’y a que très peu d’eau, d’ombre et d’endroits pour s’abriter, et les tempêtes de sable sont fréquentes. Les explorateurs du désert portent des vêtements solides et légers qui les protègent du soleil et du vent. Leur équipement doit être adapté à ce milieu particulier. D’importantes réserves d’eau potable sont essentielles. Il est préférable de travailler en fin de journée, lorsqu’il fait plus frais et qu’on transpire moins.

Dans le sable

Ces scientifiques analysent le sol du désert et recherchent les plantes qui y poussent pour comprendre un milieu qui couvre plus du tiers des terres émergées. Des études menées sur les températures tendent à démontrer qu’elles s’élèvent partout sur notre planète. Les déserts risquent donc de progresser à l’avenir.

Conquête et commerce
Pour les Romains et les autres explorateurs de l'Antiquité, les explorations avaient différents buts. Ils souhaitaient étendre leurs réseaux commerciaux en affrétant leurs navires (voir ci-contre), mais ils cherchaient également à conquérir des terres.

PREMIERS EXPLORATEURS

Ce qu'il y a derrière la colline a toujours fasciné l'être humain. Nos ancêtres de l'Âge de pierre se déplaçaient sans cesse, à la recherche de nourriture et de nouvelles terres à cultiver. Avec l'apparition des premières grandes civilisations comme celle des Grecs au Ve siècle avant J.-C., les hommes voyagèrent plus loin, cherchant des endroits où établir des colonies ou des débouchés commerciaux. Des peuples comme les Phéniciens et les Vikings devinrent d'excellents constructeurs de bateaux ; ils entreprirent de longs et dangereux voyages le long des côtes de l'Europe et en direction de l'Afrique et de l'Amérique. Les explorations se faisaient aussi sur terre, les voyageurs bravant les déserts d'Afrique du Nord et d'Asie pour ouvrir de nouvelles routes, transporter des marchandises et nouer des alliances avec des peuples lointains.

Les Vikings au Groenland
Vers 981, le chef viking Éric le Rouge quitta l'Islande que son peuple avait colonisée et découvrit le Groenland. Il y retourna quatre ans plus tard pour y vivre. Les vestiges de l'une de ses colonies, Brattahlid, peuvent être visités au sud du Groenland. Son fils Leif Eriksson partit, lui, du Groenland pour gagner Terre-Neuve.

Les grandes expéditions

- Voyage au pays de Pount 1492 AV. J.-C.
- Hanno 470 AV. J.-C.
- Pythéas 330 AV. J.-C.
- Zhang Qian 138-116 AV. J.-C.
- Fa Xian 399-414
- Xuan Zang 629-645
- Leif Eriksson vers 1000
- Ibn Battuta 1325-1327
- Ibn Battuta 1328-1330
- Ibn Battuta 1330-1346
- Ibn Battuta 1352-1353

Premiers navigateurs méditerranéens

Les régions du pourtour méditerranéen sont le berceau de certaines des plus grandes civilisations. Les Grecs, les Égyptiens, les Phéniciens et les Romains s'établirent près de la mer ; ils voyageaient plus facilement en suivant les côtes qu'en s'enfonçant à l'intérieur des terres. Ils commencèrent par faire du commerce avec les habitants des côtes et des îles de la Méditerranée, avant de partir à la découverte de nouveaux marchés dans les eaux froides et inhospitalières de l'Atlantique.

Les explorateurs grecs
Les Grecs établirent des colonies sur les côtes de la mer Égée. Vers 330 avant J.-C., le navigateur Pythéas le Massaliote partit de Marseille, et atteignit une terre qu'il baptisa Thulé – peut-être l'Islande, la Norvège ou les îles Shetland – et pénétra sans doute dans la mer Baltique.

Les voyageurs phéniciens
Les commerçants phéniciens naviguaient en mer Égée, en Méditerranée et en mer Noire. Hannon fut le plus grand explorateur. Il était originaire de Carthage, une colonie d'Afrique du Nord. En 470 avant J.-C., Hannon passe par les colonnes d'Hercule (Gibraltar), atteint les Canaries, Cap-Vert, le golfe de Guinée « une terre aux odeurs d'épices où il faisait si chaud que l'homme ne pouvait y vivre ».

Bateau phénicien

Murex

Le commerce
Les Phéniciens échangaient la pourpre. Elle était tirée d'un mollusque, le murex. Seuls les plus riches pouvaient s'offrir cette teinture, car des centaines de coquillages étaient nécessaires pour obtenir une quantité infime de pourpre.

Les bateaux

Les bateaux en bois étaient équipés de rames et de voiles carrées qui leur permettaient de naviguer sur toutes les mers – dans les eaux profondes ou non –, par temps venteux ou calme. La barre était constituée par une grande rame située à la poupe du navire.

Les conquêtes sur terre

Au IVe siècle avant J.-C., avec Alexandre le Grand, les Macédoniens parcoururent plus de 32 000 km et fondèrent un empire éphémère qui s'étendait de l'Égypte à l'Inde. Au IIe siècle, les Romains avaient conquis la plus grande partie des terres entre l'Afrique du Nord et les Îles britanniques (voir ci-dessus). Ils construisirent de nombreuses routes qui facilitaient les échanges.

Voyage au pays de Pount

En 1492 avant J.-C., la reine d'Égypte Hatshepsout affréta une flotte depuis la mer Rouge jusqu'au pays de Pount – probablement l'actuelle Afrique de l'Est. Les navigateurs en ramenèrent des arbres à myrrhe, de l'ivoire, de l'ébène, de l'or, des épices et des animaux inconnus comme les babouins.

Le grand Bouddha de Bamyan
Sur la route menant de la Chine à l'Inde, le pèlerin bouddhiste Xuan Zang atteignit Bamyan, un centre religieux (en Afghanistan). Il fut émerveillé par les deux colossales statues de Bouddha hautes de 38 et 55 m, taillées dans la falaise. « Elles brillaient, dit-il, d'un éclat éblouissant ». Elles ont été détruites en 2001 par les Talibans.

L'empire de Chine

Depuis le IIe siècle avant J.-C., la Chine possède un immense empire qui s'étend de la mer Jaune au Chang-Jiang (le fleuve bleu). La plupart des grandes villes, comme Changsha et Nankin furent construites à l'est et servirent de base aux voyageurs partant à la conquête de l'ouest. Certains d'entre eux faisaient du commerce, d'autres étaient en mission diplomatique pour l'empereur, d'autres encore en quête de spiritualité.

Zang Qian

Le plus ancien explorateur chinois connu est Zang Qian. Il était au service de l'empereur Wu Ti. En 138 avant J.-C., ce dernier envoya Zang vers l'ouest pour rechercher des alliés contre les tribus nomades, comme les Huns, qui harcelaient l'empire. Lors de ce voyage, Zang fut capturé par les Huns qui le retinrent prisonnier pendant dix ans. Il parvint à s'échapper et se dirigea vers la Bactriane (en Asie centrale). Il ne trouva aucun allié, mais ouvrit ainsi la voie commerciale connue sous le nom de « Route de la soie ».

L'Hindu Kush
C'est une région montagneuse du nord-ouest de l'Afghanistan. Les voyageurs venant d'Asie centrale devaient le traverser pour aller vers l'ouest ou le sud. Habité par plusieurs peuples nomades, ce massif présente de hautes montagnes aux abruptes pentes rocheuses qui culminent à 7 700 m.

Le désert de Taklamakan
Cet immense désert de Chine, également appelé désert de Gobi, fut traversé par Fa Xian et Xuan Zang. Il n'est, aujourd'hui encore, guère propice à la vie, hormis pour les chameaux. Fa Xian suivit une piste semée d'ossements humains, espérant survivre dans cette région désolée.

Les bouddhistes

Certains des plus grands explorateurs furent des moines ou des bouddhistes lettrés qui étaient à la recherche de reliques, de sites sacrés et de livres saints. Fa Xian voyagea à travers l'Asie centrale et le nord-est de l'Inde avant de s'embarquer pour le Sri Lanka de 399 à 414. Au milieu du VIIe siècle, un autre bouddhiste chinois, Xuan Zang, parcourut l'Inde, ramenant de ses voyages près de 700 livres pieux et de nombreuses statues de Bouddha.

Les chevaux célestes
Zang Qian admira fort les chevaux du Fergana (Ouzbékistan, Kirghizstan, Tadjikistan) qui furent importés en Chine. L'empereur les appela « les chevaux célestes » et les sculpteurs en firent de délicates statues sous la dynastie des Han.

Les Vikings

Leif Eriksson
Aux alentours de l'an 1000, Leif Eriksson découvrit une terre qu'il baptisa Vinland (probablement Terre-Neuve) et le Labrador. Il serait l'un des premiers Européens à avoir atteint l'Amérique.

Le compas
En alignant l'aiguille du compas sur le soleil à midi, les navigateurs vikings pouvaient déterminer la position du nord. Ils étaient ainsi capables de diriger leurs navires.

Les Vikings quittaient volontiers leurs terres du nord de l'Europe pour partir en exploration. Ils naviguaient le long des côtes de l'ouest de l'Europe et remontaient des fleuves comme la Seine. Leurs traversées les plus audacieuses les menèrent dans les eaux sombres et inconnues de l'Atlantique Nord. Au cours de leur quête de nouvelles terres, ils atteignirent l'Islande, le Groenland et même sans doute l'Amérique du Nord dont les côtes étaient si désolées qu'elles leur semblaient « constituées d'un unique bloc de pierre ».

L'Islande
Le chef viking Ingolf débarqua en Islande en 870. Il était à la recherche de terres à cultiver. Il fut suivi à la fin du IXe siècle et au Xe siècle par des milliers de Vikings qui construisirent de solides maisons de bois au toit de chaume, sans fenêtres pour conserver la chaleur.

Marins et colons

En Scandinavie, les terres cultivables manquaient pour une population en augmentation. Beaucoup de Vikings se tournèrent vers la mer. Certains faisaient des razzias éclair le long des côtes européennes, pillant les villages côtiers. D'autres plus pacifiques, faisaient le commerce des fourrures, d'os de baleine et de défenses de morse. Vers l'an 911, le roi de France Charles le Simple installa en Normandie le Norvégien Rollon en échange du baptême et du serment de fidélité. Les anciens pillards contribuèrent à la prospérité de leur nouvelle patrie.

La hache du chef
Cette hache magnifiquement décorée n'était sûrement pas utilisée pour combattre. Les chefs vikings l'arboraient pour symboliser leur puissance.

Terre !
Le drakkar, véritable merveille technique, était équipé d'une grande voile carrée qui le rendait très rapide en mer par vent fort. Les marins utilisaient des rames lorsque le vent tombait ou en eaux peu profondes.

Voyager en caravane
Au XIVe siècle, des caravanes de chameaux traversaient régulièrement le Sahara, transportant du sel et des produits manufacturés jusqu'à des centres commerciaux importants comme Tombouctou. Ibn Battuta rejoignit l'une de ces caravanes au cours d'un voyage à l'est de Tombouctou.

Les voyageurs de l'islam

L'islam fut révélé au prophète Mahomet dans la péninsule arabique au VIIe siècle. Bientôt, les musulmans, c'est-à-dire ceux qui pratiquaient l'islam, entreprirent de longs voyages pour répandre leur foi. Beaucoup d'entre eux étaient également des marchands ; ils avaient deux raisons pour se déplacer, la religion et le commerce. Le plus connu de ces premiers voyageurs musulmans fut, au XIVe siècle, Ibn Battuta. Il parcourut l'Arabie, l'Asie occidentale et l'Inde, et navigua jusqu'en Chine. Il est célèbre pour ses périples à travers le désert du Sahara. Vers la fin de sa vie, il raconta ses aventures dans son « Journal de route », un des plus célèbres récits de voyage de tous les temps.

Sur l'eau
Ibn Battuta utilisait différents types d'embarcations, certaines faites d'un simple tronc d'arbre. En mer, il voyageait sur un boutre, fin vaisseau aux voiles triangulaires qui était capable de couvrir de longues distances.

La traversée du Sahara

Ibn Battuta partit vers le sud depuis Tanger (Maroc), passant par Fez. Il traversa de vastes étendues de désert. Il eut à subir des tempêtes de sable et de neige et dut franchir la chaîne montagneuse de l'Atlas. Il atteignit et explora le fleuve Niger avant de parvenir à la grande cité commerciale de Tombouctou. Il se dirigea ensuite à l'est vers une autre ville marchande, Takedda, avant de remonter vers le nord, en direction de Fez. En chemin, Battuta vit de nombreuses merveilles, comme un village entièrement construit dans le sel, et observa les coutumes des peuples qu'il rencontrait.

L'enseignement des musulmans
De nombreux lettrés musulmans étaient experts en astronomie et en navigation. Ci-dessus, le professeur montre un astrolabe, instrument utilisé pour mesurer la hauteur d'une étoile, permettant de déterminer la latitude (distance par rapport à l'équateur). L'astrolabe a probablement été inventé par les Arabes.

Hippopotames nigériens
Ibn Battuta était fasciné par les hippopotames, mais il ne dut pas les voir de trop près car il écrivit qu'ils avaient « une crinière et une queue, avec une tête proche de celle des chevaux ».

LES GRANDES ROUTES COMMERCIALES

À partir du Moyen Âge, nombreux furent les explorateurs qui essayèrent d'ouvrir de nouvelles routes commerciales. Les épices d'Orient et la soie de Chine étaient très prisées en Europe. Quelques voyageurs européens avaient gagné la Chine par voie terrestre, mais beaucoup cherchaient la route maritime la plus rapide pour relier l'Europe à l'Asie. Certains contournèrent l'Afrique, explorant les côtes à mesure qu'ils progressaient. Quelques-uns choisirent la route la plus courte, mais la plus périlleuse, dans les eaux glacées de l'océan Arctique. D'autres, comme Christophe Colomb, traversèrent l'océan Atlantique, découvrant ainsi l'Amérique, un continent inconnu des Européens.

Les grandes expéditions

- Marco Polo 1271-1295
- Diego Cão 1485-1486
- Christophe Colomb 1er voyage 1492-1493
- Jean Cabot 1497
- Vasco da Gama 1497-1498
- Christophe Colomb 4e voyage 1502-1504
- Fernand de Magellan 1519-1521
- Juan Sebastián El Cano 1521-1522
- Adolf Erik Nordenskjöld 1878-1879
- Roald Amundsen 1903-1906

À travers l'Asie
Le marchand vénitien Marco Polo fut l'un des voyageurs qui gagna l'Asie par voie de terre. Dans ses récits, il décrivit de hautes montagnes, des routes périlleuses et d'étranges créatures dotées d'un corps d'homme, avec la tête et la queue d'un chien. Sa description inspira cette carte illustrée de l'Asie.

La Route de la soie

Le secret de la soie
Pour obtenir de la soie, on file les fibres du cocon tissé par la larve d'un papillon nommé bombyx. Les Chinois gardaient jalousement son secret de fabrication. Ils pouvaient ainsi la vendre très cher, car les marchands européens ne pouvaient se fournir ailleurs.

Les Chinois étaient jadis les seuls à savoir fabriquer la soie. Beaucoup d'Européens souhaitaient acheter cette étoffe précieuse ; aussi, les marchands chinois transportaient-ils la soie à travers toute l'Asie pour la vendre à Constantinople (Istanbul) ou Trébizonde sur la mer Noire. On appela Route de la soie la longue route depuis la Chine à travers le désert de Gobi et les montagnes de l'Hindu Kush. Peu d'Occidentaux étaient capables de gagner la Chine en empruntant cette route avant le XIIIe siècle, période durant laquelle les Mongols conquirent l'Asie centrale. Peu à peu, marchands et missionnaires entreprirent ce long et périlleux voyage.

À la cour du grand Kûbilaî khān
Le commerçant vénitien Niccolò Polo, son frère Matteo et son fils Marco passèrent plusieurs années à la cour du grand Kûbilaî khān. Marco Polo décrivit la résidence d'été de Shangdu, un palais « scintillant de pierres écarlates, vertes, bleues et jaunes ». Présenté par son père comme « son serviteur », Marco resta 20 ans au service du khān.

La route de la Chine
Les Polo quittèrent Venise en 1271. La plus grande partie de leur voyage en Chine se fit à cheval, leurs bagages étant transportés par des chameaux ou des ânes. Le long périple de 8 000 km prit plus de trois ans car Marco tomba malade. Les Polo s'arrêtèrent un an à Badakhchan (au Tadjikistan), avant de reprendre leur route.

Les moines franciscains
Au milieu du XIIIe siècle, ils furent parmi les premiers Européens à emprunter la Route de la soie. Guillaume de Rubrouck voyagea dans un chariot couvert jusqu'à Karakorum, où se trouvait la cour du grand khān de Mongolie. À son retour, il avait parcouru 17 700 km et il écrivit son *Voyage dans l'Empire des Mongols*.

Une route difficile

La Route de la soie était une succession de pistes étroites et rocailleuses s'étirant à travers l'Asie centrale de Pékin à la mer Noire. C'était une route difficile traversant déserts et montagnes, mais les marchands chinois n'hésitaient pas à prendre des risques.
On y rencontraient donc des commerçants acheminant de riches cargaisons vers l'Occident. Ils réalisaient d'énormes profits, tout comme les négociants qui achetaient leurs produits. Rares étaient les Européens à connaître la Route de la soie avant le retour des Polo. Fait prisonnier par les Gênois, Marco Polo dicta ses mémoires à l'un de ses compagnons de cellule, Rusticien de Pise. Ce dernier en tira ensuite un ouvrage, *Il Milione* (Le Devisement du monde). Certaines des histoires rapportées sont peu crédibles, mais elles permirent aux marchands européens de découvrir les richesses de l'Orient.

Au-delà du cap de Bonne-Espérance

Tout au long du Moyen Âge, les rois du Portugal luttèrent contre les Maures, musulmans venus d'Afrique du Nord. Au XVe siècle, ils avaient reconquis leur pays et chassé les envahisseurs. Les navigateurs portugais eurent connaisssance de l'existence de mines d'or en Afrique. Ils entreprirent d'écumer le continent en quête de bonne fortune. Des marins comme Diego Cão explorèrent les rives et les criques de l'Afrique de l'Ouest. Ils atteignirent la pointe sud du continent, le cap de Bonne-Espérance, ouvrant ainsi la voie maritime vers les Indes orientales.

Le cap de Bonne-Espérance
La côte rocheuse du sud de l'Afrique était battue par la tempête lorsque Barthélemy Dias l'atteignit en 1488. Dias voulait découvrir l'océan Indien, mais l'équipage était épuisé et effrayé à l'idée de s'aventurer dans ces eaux inconnues, et Dias dut faire demi-tour.

Les navigateurs portugais

Le Portugal devint une grande puissance navale à l'époque d'Henri le Navigateur (1394-1460) qui finança diverses expéditions. Ses armateurs développèrent la caravelle, un navire de petit ou moyen tonnage, idéal pour les explorations. La caravelle était équipée de voiles latines (triangulaires) pour les zones côtières ou de voiles carrées pour la haute mer. Des navigateurs portugais comme Cão et Dias explorèrent en caravelle les côtes ouest de l'Afrique. Le plus célèbre d'entre eux, Vasco de Gama, contourna, en 1497-1498, le Cap et affronta les tempêtes et les courants pour remonter les côtes africaines jusqu'à Mombasa. Puis il traversa l'océan Indien, devenant le premier Européen à gagner les Indes par mer. Vasco de Gama ne fit pas commerce avec l'Inde, il ouvrit une voie maritime qui fut bientôt suivie par d'autres marchands portugais.

Henri le Navigateur
Afin d'étendre l'empire colonial du Portugal, il fit bâtir un observatoire et un chantier de construction navale. Ses navigateurs ont exploré les côtes africaines (Açores, Madère et le Cap-Vert).

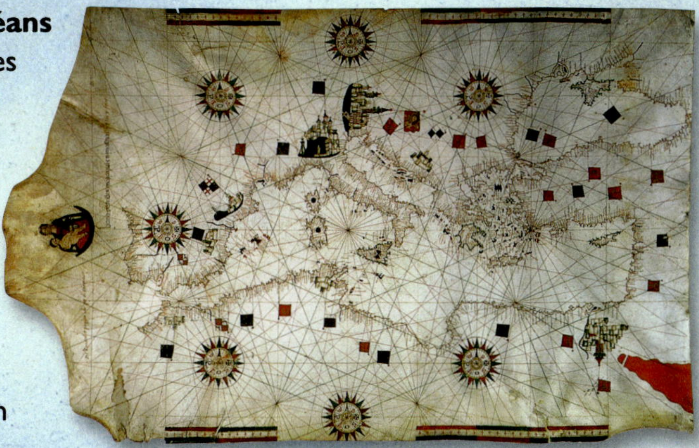

Les cartes des océans
Les premiers navigateurs utilisaient des portulans, des cartes appelées aussi « cartes pisanes ». Ils étaient dessinés sur un quadrillage de lignes repérées grâce à des points successifs, permettant ainsi aux navigateurs de trouver et de garder leur cap. Ces cartes immenses étaient tracées sur des parchemins en peau de chèvre ou de brebis.

En longeant les côtes
Diego Cão découvrit l'estuaire du Congo et fut accueilli, à son retour au Portugal, en triomphateur par le roi Jean II. En cherchant à aller le plus bas possible vers le sud de l'Afrique, il prépara la route de Bartolomeu Dias.

Les Indes occidentales

Amerigo Vespucci
Cet homme d'affaire florentin, au service de l'Espagne et du Portugal, explora la côte est de l'Amérique du Sud en 1499-1500 et 1501-1502.

À la fin du XVe siècle, les marchands européens faisaient d'excellentes affaires grâce au commerce des épices en provenance des Indes orientales ou Îles aux épices (Indonésie). Mais le voyage par mer autour de l'Afrique pour gagner ces îles était long et dangereux. C'est pourquoi ils cherchaient une route plus rapide et plus facile. Des navigateurs comme Christophe Colomb pensaient que, puisque la terre était ronde, il devait être possible d'atteindre les Indes en traversant l'océan Atlantique. Mais nul ne savait que le continent américain était situé sur le chemin. Quand Colomb appareilla vers l'ouest en 1492, il n'aborda pas aux Indes, mais sur les îles de Cuba, de San Salvador et d'Haïti (ce que nous appelons les Antilles).

Le continent américain

Christophe Colomb et Jean Cabot étaient persuadés qu'ils avaient découvert un groupe d'îles situées à l'est des côtes chinoises. Mais un autre explorateur, Amerigo Vespucci, avait une opinion différente. En longeant la côte est du Brésil, il comprit qu'il n'avait pas affaire à un groupe d'îles, mais à une terre assez vaste pour constituer un continent. Un cosmographe allemand attribua par erreur à Amerigo Vespucci la découverte de l'Amérique et donna son prénom au nouveau continent.

Jean Cabot
Appareillant du port britannique de Bristol en 1497, le marchand d'épices et navigateur vénitien Jean Cabot traversa l'Atlantique Nord et explora les côtes de Terre-Neuve. La morue qu'il en rapporta attira les pêcheurs vers ces eaux.

Le Pacifique
L'Espagnol Vasco Núñez de Balboa fut le premier à franchir l'isthme de Darien et à contempler le Pacifique en 1513. Il revendiqua cet océan pour l'Espagne.

Richesses naturelles
Christophe Colomb écrivit que le Nouveau Monde offrait « de superbes arbres et différentes sortes de fruits ». Ananas et pommes de terre étaient inconnus en Europe.

Les voyages de Colomb

Christophe Colomb était gênois, mais ses expéditions furent financées par le roi Ferdinand et la reine Isabelle d'Espagne. Les îles qu'il découvrit furent attribuées à ce pays. Colomb réalisa quatre expéditions vers l'Amérique. La première lui fit découvrir les îles de Watling, Cuba et Haïti ; la deuxième le mena dans les îles de la Jamaïque. Lors du troisième voyage, il navigua des îles de la Trinité à Tobago et Grenade. Il explora la côte de l'Amérique centrale lors de son dernier voyage.

La *Santa María*

La *Santa María*, le vaisseau amiral de Christophe Colomb lors de son premier voyage, ne mesurait que 30 m de long (avec un équipage de 40 hommes). Ses voiles carrées et sa solide charpente lui permirent d'ouvrir la route de l'Atlantique.

Le tour du monde

En septembre 1522, un petit navire, *La Victoire*, accosta dans le port de Séville, en Espagne. Ce vaisseau et son équipage étaient tout ce qui restait de l'expédition autour du monde de cinq bateaux lancée par le navigateur portugais Fernand de Magellan. Celui-ci s'était mis, en 1519, au service de l'Espagne. L'objet de ce voyage était le commerce. En 1494, le traité de Tordesillas avait divisé l'océan Atlantique en deux : le Portugal recevait la partie est, l'Espagne la partie ouest. Les Portugais envoyaient déjà leurs navires de commerce à travers l'Atlantique Est jusqu'aux Îles aux épices (Indonésie). Magellan, ouvrit de son côté la route orientale des Indes, réussissant le voyage le plus aventureux jamais tenté à l'époque.

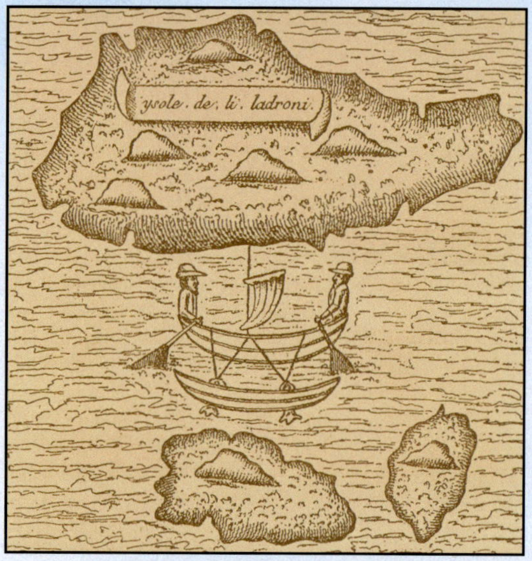

Le récit de Pigafetta
Nous connaissons les aventures de Magellan grâce à Antonio Pigafetta, navigateur italien qui participa à son expédition. Pigafetta fut l'un des marins qui revinrent en Espagne. Il écrivit tous les jours un journal de voyage, illustré de cartes et de dessins de bateaux.

La mort de Magellan
Après avoir traversé le Pacifique, Magellan parvint aux îles Mariannes où il se heurta à l'hostilité des habitants qui s'emparèrent d'un de ses navires. Il repartit jusqu'à Cebu aux Philippines, où il reçut un meilleur accueil. Le roi de Cebu se convertit au catholicisme, acceptant de se plier aux lois espagnoles, mais beaucoup de ses sujets combattirent les explorateurs. Atteint de multiples blessures, Magellan mourut sur la rive alors qu'une partie des équipages regagnait les bateaux.

L'expédition de Fernand de Magellan

Après avoir traversé l'Atlantique, Magellan fit face à une mutinerie au cours de laquelle un bateau fut coulé. Pendant qu'il recherchait la route la plus courte à travers le Pacifique, Magellan, qui pensait avoir perdu deux navires, les retrouva plus tard. Le Pacifique était plus grand qu'il ne l'avait imaginé et les équipages manquèrent de vivres. Pigafetta raconte qu'ils mangeaient des rats, du cuir et des vieux biscuits pleins de vers. Beaucoup de marins moururent de faim et les survivants étaient en piteux état lorsqu'ils parvinrent aux Philippines où Magellan fut tué. Les équipages survivants s'embarquèrent dans deux navires et appareillèrent vers l'ouest. Les Portugais s'emparèrent de l'un d'entre eux, laissant *La Victoire* et son capitaine, Juan Sebastián El Cano, braver l'océan Indien avant de rentrer en Espagne.

Sir Francis Drake
Ce navigateur anglais accomplit la deuxième circumnavigation (tour du monde) entre 1577 et 1580. Marin accompli, Drake lutta contre les ennemis de l'Angleterre. Il mit à mal l'Invincible Armada espagnole qui devait envahir, en 1588, l'Angleterre.

À travers le Grand Nord

Sir John Franklin
En 1845, le navigateur britannique John Franklin voulut ouvrir le passage maritime du Nord-Ouest. Ses bateaux, *Erebus* et *Terror*, restèrent pris 18 mois dans les glaces. Pour survivre, Franklin et ses hommes marchèrent vers le sud. Mais ils périrent tous.

Certains Européens pensaient que la manière la plus rapide de gagner l'Inde était de naviguer vers le nord. Plusieurs expéditions britanniques tentèrent de trouver un passage au nord-ouest vers l'Asie, par le nord du Canada. Des navigateurs hollandais et scandinaves s'efforcèrent d'ouvrir un passage au nord-est, dans les mers du nord de la Russie. Mais, beaucoup des hommes qui tentèrent ces expéditions perdirent la vie dans ces eaux glacées.

Les lunettes de Franklin
De ses lunettes à ses traîneaux, Sir John Franklin était bien équipé pour sa tentative malheureuse d'ouvrir le passage du Nord-Ouest. Ces lunettes de cuir étaient conçues pour protéger les yeux de l'éclat du soleil se reflétant sur la glace.

Adolf Erik Nordenskjöld
Le navigateur et scientifique finlandais Adolf Erik Nordenskjöld ouvrit le passage du Nord-Est en 1878-1879. Il comprit qu'il pouvait réussir lorsqu'il passa le cap Chelyuskine, point le plus septentrional de l'Asie et étape majeure du voyage. Son équipe et lui édifièrent un monument sur le cap pour célébrer cette victoire.

Trouver un passage vers l'est

Les tentatives pour ouvrir le passage du Nord-Ouest débutèrent aux XVe et XVIe siècles, avec des explorateurs comme Jean Cabot (voir p. 26) ou le navigateur Martin Frobisher (1535-1594). De même que les navigateurs qui leur ont succédé, comme Sir John Franklin, ces hommes accumulèrent les connaissances sur les mers et les terres du nord du Canada. Mais ce ne fut qu'en 1903-1906, avec l'expédition du Norvégien Roald Amundsen sur son bateau le *Gjöa*, que ce passage fut ouvert. Le passage du Nord-Est a aussi ses pionniers, parmi lesquels le Russe Simon Dejmev. La victoire revint au Scandinave Adolf Erik Nordenskjöld, qui dut son succès à son expérience de l'Arctique et à son bateau, la *Vega*, équipé d'une coque renforcée contre la pression de la glace.

Willem Barents
Le navigateur hollandais Willem Barents (1550-1597) tenta plusieurs fois d'ouvrir le passage du Nord-Est à la fin du XVIe siècle. Il entreprit deux expéditions dans l'Arctique. Lors de son dernier voyage, en 1596, il découvrit l'archipel du Spitzberg avant de gagner la mer de Kara où son bateau fut pris par les glaces. Barents et son équipage construisirent alors un refuge de 6 x 10 m pouvant accueillir 20 personnes où ils passèrent l'hiver. L'année suivante, ils tentèrent de gagner la Russie dans de petites embarcations, mais Willem Barents mourut en chemin.

Le Pôle en ballon
En 1897, le Suédois Salomon Auguste Andrée monta une expédition au pôle Nord. Son énorme ballon d'hydrogène dériva pendant trois jours avant de heurter la glace et de s'arrêter. Andrée et ses deux compagnons furent contraints de quitter la nacelle du ballon et de continuer à pied, tirant leur équipement sur un traîneau. Ils ne purent résister aux terribles conditions atmosphériques et moururent trois mois plus tard. Leurs corps – et le journal d'Andrée relatant son voyage – ne furent découverts que 33 ans plus tard par des chasseurs de phoques.

NOUVEAUX HORIZONS

À partir du XVe siècle, les Européens s'arrogèrent d'immenses empires dans différentes parties du monde. Les Espagnols, les Français et les Britanniques établirent des colonies en Amérique ; les Hollandais s'adjugèrent une bonne partie de l'Asie du Sud-Est. Différents pays (Grande-Bretagne, France, Italie, Allemagne, Portugal, Espagne et Belgique) se partagèrent l'Afrique. Des voyageurs explorèrent toutes ces terres pour faire du commerce, convertir les habitants au christianisme ou s'y installer.

Les Européens entendaient parler de certaines des régions les plus étonnantes du monde – des lacs et des forêts du Canada jusqu'à la chaîne des Andes en Amérique du Sud. Bientôt, la recherche de nouveaux horizons les mena plus loin encore, et ils découvrirent les superbes paysages d'Australie ou les terres inhospitalières des pôles.

À travers l'Antarctique
En 2001, l'Américaine Ann Bancroft et la Norvégienne Liv Arnesen furent les premières femmes à traverser l'Antarctique à pied. Tout au long de ce périple de 2 763 km, les deux femmes ont tiré des charges de 250 kg environ. Cette expédition menée par des températures glaciales et sous un vent violent dura 97 jours. La plupart du temps, Ann Bancroft et Liv Arnesen avançaient à skis, aidées, lorsque le vent etait dans la bonne direction, par une voile spécialement dessinée à cet effet.

À la recherche de l'Eldorado

À la suite de Christophe Colomb, des marins espagnols atteignirent l'Amérique centrale. Ils découvrirent que le Mexique était le berceau d'une riche civilisation, l'empire aztèque, qui avait édifié de grandes villes et fabriqué d'étonnants bijoux en or et autres métaux précieux. Ils entendirent parler de contrées plus riches encore, situées en Amérique du Sud, et d'un pays d'une telle opulence que son roi avait la peau couverte de poussière d'or. Les explorateurs partirent à la recherche de ce pays mythique : l'Eldorado (en espagnol, le « doré »).

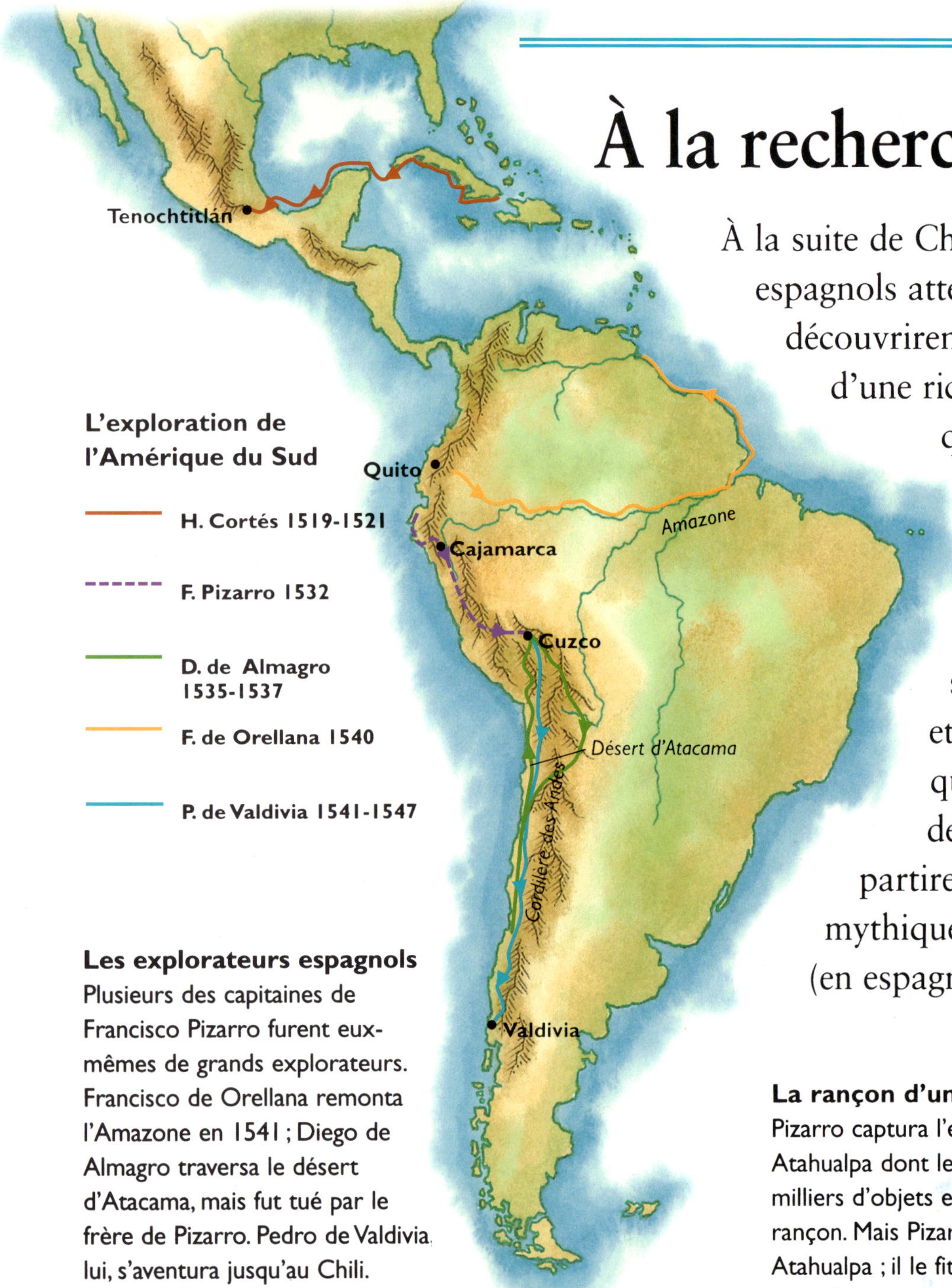

Les explorateurs espagnols
Plusieurs des capitaines de Francisco Pizarro furent eux-mêmes de grands explorateurs. Francisco de Orellana remonta l'Amazone en 1541 ; Diego de Almagro traversa le désert d'Atacama, mais fut tué par le frère de Pizarro. Pedro de Valdivia, lui, s'aventura jusqu'au Chili. Il fonda Santiago, Valparaiso et Valdivia.

La rançon d'un roi
Pizarro captura l'empereur inca Atahualpa dont le peuple réunit des milliers d'objets en or pour payer la rançon. Mais Pizarro ne relâcha pas Atahualpa ; il le fit tuer en 1533 après l'avoir faussement accusé de traîtrise.

La fin des idoles
Les conquistadors voulaient convertir les peuples qu'ils avaient conquis au christianisme et des prêtres suivaient les armées. Cortés trouva là un prétexte pour détruire les idoles qui décoraient les temples de l'empire aztèque et récupérer ainsi les métaux précieux.

Les conquistadors

Les conquérants espagnols – les conquistadors – ne trouvèrent pas l'Eldorado, mais ils pillèrent les empires aztèque au Mexique et inca au Pérou. Au Mexique, les armées espagnoles étaient dirigées par Hernán Cortés qui acheva sa conquête entre 1519 et 1521 avec l'aide d'un royaume ennemi des Aztèques. Avec 200 soldats, Francisco Pizarro conquit le Pérou de 1531 à 1533. Lors de la bataille décisive de Cajamarca, une réunion pacifique tourna au massacre quand les hommes de Pizarro attaquèrent un groupe d'Incas désarmés.

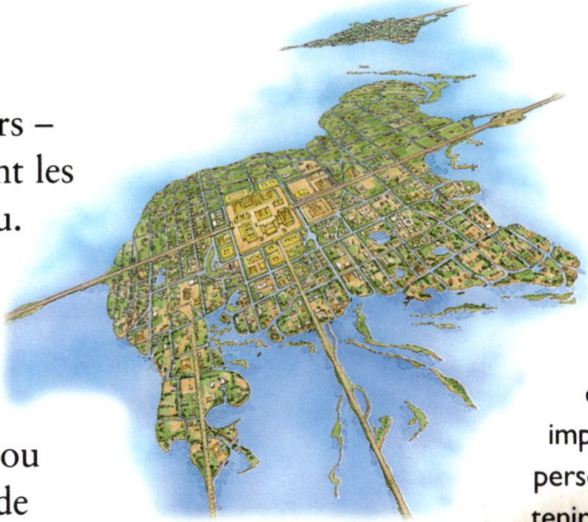

La capitale aztèque
La splendeur de la capitale de l'empire aztèque, Tenochtitlán, émerveilla Cortés. Construite sur le site actuel de Mexico, elle était installée au milieu d'un grand lac. Cortés décrivit une place centrale si imposante « qu'une ville de 500 personnes aurait pu facilement tenir entre ses murs ».

Les Européens explorent l'Amérique du Nord

Les Européens qui explorèrent l'Amérique du Nord à partir du XVIe siècle furent étonnés par la variété des paysages, depuis les grands lacs et les rivières tumultueuses jusqu'aux hautes montagnes et aux forêts sauvages. Pour découvrir ce nouveau continent, ils apprirent beaucoup des Indiens. Certains devinrent trappeurs et suivirent les pistes existantes. D'autres pionniers, comme Robert Cavelier de La Salle, restèrent près des cours d'eau, utilisant des canoës pour ouvrir de nouvelles routes commerciales. Au XVIIe siècle, la Grande-Bretagne et la France établirent des colonies au Canada.

Samuel de Champlain
Cet explorateur explora avec des guides indiens, en 1603, le Saint-Laurent jusqu'aux rapides de Lachine (Grands Lacs). Il fonda Québec en 1608 et contribua à établir la colonie française au Canada.

Lewis et Clark
En 1803, les États-Unis achetèrent l'immense Louisiane à la France. Le président Thomas Jefferson chargea Meriwether Lewis et William Clark d'explorer le territoire et d'ouvrir une voie vers l'océan Pacifique. Entre 1804 et 1806, les deux hommes naviguèrent le long du Missouri, de la Yellowstone et de la Colombia.

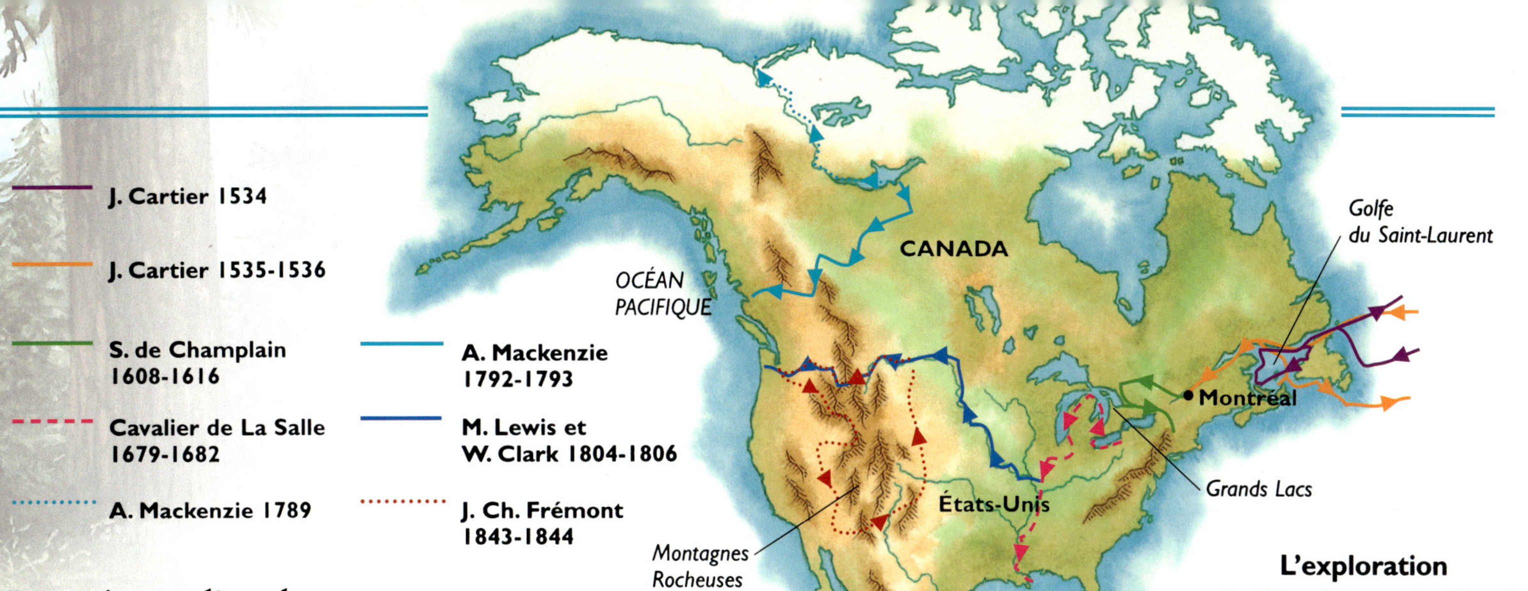

L'exploration de l'Amérique du Nord

Les raisons d'explorer

Beaucoup d'explorateurs, comme Jacques Cartier, voulaient faire fortune. Ils faisaient le commerce des fourrures qui étaient très recherchées en Europe. Certains venaient pour trouver des terres à cultiver ; ils ont fondé des colonies qui allaient devenir les grandes villes nord-américaines. D'autres, comme l'Écossais Alexander Mackenzie, essayèrent d'ouvrir des voies à travers le continent pour gagner le Pacifique. Des prêtres partirent pour évangéliser les Indiens. Plus tard, les pionniers s'enfoncèrent vers l'ouest, pour trouver de nouvelles terres et découvrir le pays.

John Charles Frémont
Il participa à la conquête de la Californie. Il voyagea en Oregon, explora le haut Mississippi et mena plusieurs études qui aidèrent à établir les frontières des différents États. Frémont planta le drapeau américain au sommet des Rocheuses.

Jacques Cartier
Le navigateur français Jacques Cartier (1491-1557) explora le golfe du Saint-Laurent en 1534. De retour au Canada l'année suivante, il remonta le cours du fleuve (voir la carte ci-contre). Il donna le nom de Mont Royal à la montagne où devait s'établir le site de Montréal.

L'exploration de l'Afrique

Tombouctou
René Caillié fut le premier Européen à entrer dans Tombouctou, en 1828. Chrétien voyageant en pays musulman, Caillié portait des vêtements arabes. Charles de Foucauld se fit, lui, passer pour un rabbin lors de sa première reconnaissance du Maroc, en 1883-1884.

Au XVIIIe siècle, l'Afrique restait un vaste et mystérieux continent. Les Occidentaux ne la connaissaient que comme un réservoir d'esclaves et n'avaient qu'une vague idée de l'intérieur des terres. Au XIXe siècle, des explorateurs – l'Allemand Heinrich Barth, qui traversa le Sahara, les Britanniques Richard Burton et John Hanning Speke, qui explorèrent le Nil, le Français Pierre Savorgnan de Brazza, qui découvrit le cours de l'Ougoué – firent connaître le continent aux Occidentaux. David Livingstone traversa le sud de l'Afrique en suivant le cours des fleuves et découvrit plusieurs des grands lacs africains. Il ne cessa d'alerter les Européens sur les horreurs de l'esclavage.

Le journal de Speke
John Hanning Speke rapporta de superbes illustrations de la vie sauvage de ses voyages en Afrique centrale et orientale. Il découvrit le lac Victoria et, avec J. Grant, les sources du Nil.

Aux chutes Victoria
David Livingstone s'émerveilla devant les chutes du Zambèze. Larges de 1 700 m et hautes de 100 m, elles s'engouffraient dans un goulet de 20 m de large environ, se transformant en un torrent rugissant surmonté d'un nuage d'écume.

Richard Burton
Burton explora la péninsule d'Arabie (il entra dans La Mecque interdite aux non-croyants) avant de s'associer avec Speke. Ils découvrirent ensemble le lac Tanganyika, en 1857, avant de se brouiller lors de leur expédition à la recherche des sources du Nil.

Les chutes Victoria

David Livingstone voyagea beaucoup dans le sud de l'Afrique avant d'entreprendre son voyage à travers le continent de 1852 à 1856. En remontant le Zambèze, Livingstone découvrit les chutes Victoria, qu'il baptisa du nom de la reine d'Angleterre. Abandonnant son canoë, il prit pied sur une île au milieu du fleuve, observant les tonnes d'eau se précipitant d'une hauteur de 100 m. Il dira plus tard : « Une scène d'une telle beauté doit être regardée de là-haut par les anges. »

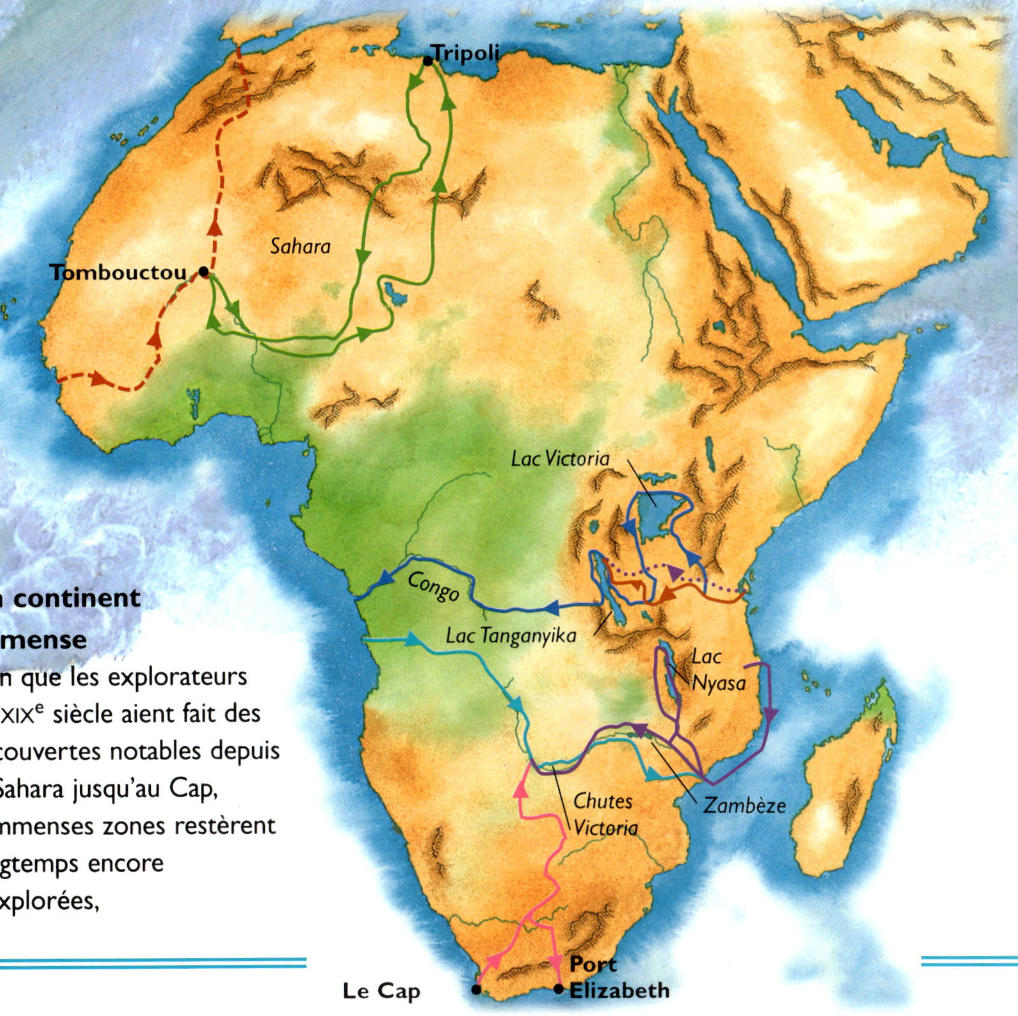

L'exploration de l'Afrique

- R. Caillié 1827-1828
- H. Barth 1850-1855
- R. Burton et J. H. Speke 1857-1858
- H. M. Stanley 1871-1872
- H. M. Stanley 1874-1877
- D. Livingstone 1849-1851
- D. Livingstone 1853-1856
- D. Livingstone 1858-1864

Un continent immense
Bien que les explorateurs du XIXe siècle aient fait des découvertes notables depuis le Sahara jusqu'au Cap, d'immenses zones restèrent longtemps encore inexplorées,

L'heure exacte
James Cook fut le premier explorateur muni d'une montre fiable. Le fait de connaître l'heure avec précision lui permit de déterminer sa longitude avec exactitude et d'établir des cartes et des relevés précis.

L'exploration du Pacifique

Le Pacifique est l'océan le plus vaste du globe, mais les Européens ignoraient son existence avant le voyage de Magellan au début du XVIe siècle. À la fin du XVIe et au début du XVIIe siècle, les navigateurs espagnols Alvaro de Mendaña et Fernández de Quirós atteignirent les îles Salomon, les Nouvelles-Hébrides et la Nouvelle-Guinée. Ils voulaient faire fortune, convertir les autochtones au christianisme et établir des colonies. Parallèlement, la Compagnie hollandaise des Indes orientales, installée à Batavia (Jakarta, Indonésie) prospectait la région. Les navigateurs hollandais rapportèrent des témoignages sur une grande terre mystérieuse située au sud, *Terra Australis Incognita* (le continent inconnu du sud).

Le Pacifique Sud

Au XVIIIe siècle, les explorateurs britanniques et français parcoururent le Pacifique Sud à la recherche de nouvelles terres. Le marin britannique James Cook emmena trois expéditions dans le Pacifique au cours des années 1760-1770. Cook fit le tour des deux grandes îles de la Nouvelle-Zélande avant de parcourir la côte est de l'Australie. Il s'aventura au sud vers l'Antarctique et au nord pour trouver le détroit de Béring, découvrant Hawaii (les Îles Sandwich) sur sa route. C'est là qu'il fut tué par les indigènes en février 1779. Le Français J.-F. de La Pérouse, parti de Brest en 1785 avec deux frégates – *La Boussole* et *L'Astrolabe* –, a parcouru lui aussi le Pacifique Sud. Il a cartographié les régions situées entre la Corée et le Japon. On perd sa trace après une escale en Australie, en février 1788.

Louis-Antoine de Bougainville
Il explora le Pacifique à la même époque que Cook. Son périple le conduisit à Tahiti, aux Samoa et aux Nouvelles-Hébrides. Il raconta ses aventures dans son *Voyage autour du monde*.

Cook et les scientifiques
Cook fut l'un des premiers explorateurs scientifiques ; il était accompagné de naturalistes, de scientifiques et d'artistes chargés de rapporter des échantillons et des descriptions de tout ce qu'ils découvraient. Sur la côte orientale de l'Australie, ils trouvèrent tant de nouvelles espèces végétales que Cook baptisa le lieu Botany Bay.

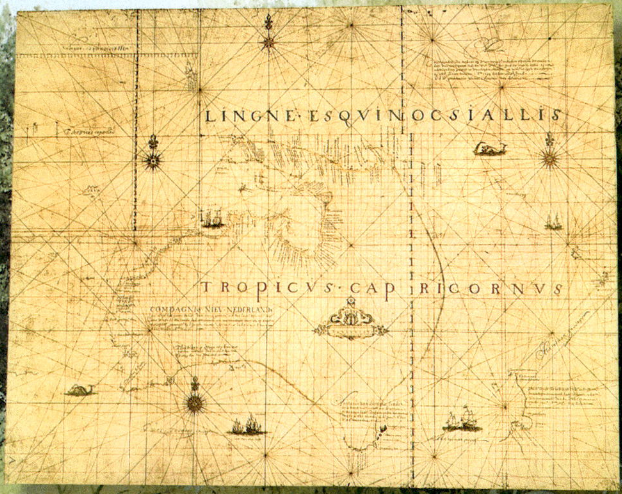

Cartographie de l'Australie
En 1642, le navigateur hollandais Abel Tasman emmena une importante expédition dans le Pacifique. Il découvrit la terre de Van Diemen qui porte son nom, la Tasmanie. Les Hollandais avaient exploré alors de larges zones du Pacifique Sud, mais aucune carte précise ne pouvait encore être dressée.

La traversée de l'Australie

John Stuart
John Stuart fit plusieurs tentatives pour traverser l'Australie. Il atteignit enfin la côte nord, où il découvrit une plage « couverte d'une boue bleu pâle » en juillet 1862.

Les premiers colons s'étaient installés près des côtes du sud-est de l'Australie. Pendant longtemps, ils ne pénétrèrent guère à l'intérieur des terres, le climat chaud et sec rendant les voyages périlleux. Les Blue Mountains isolaient les colonies comme Sydney du reste de ce véritable continent. Dans les années 1820, des explorateurs comme Charles Sturt remontèrent les rivières à la recherche de nouvelles terres. Peu après, des Britanniques – Edward Eyre, John Stuart et Robert O'Hara Burke – explorèrent les régions mystérieuses et arides situées au centre de l'Australie.

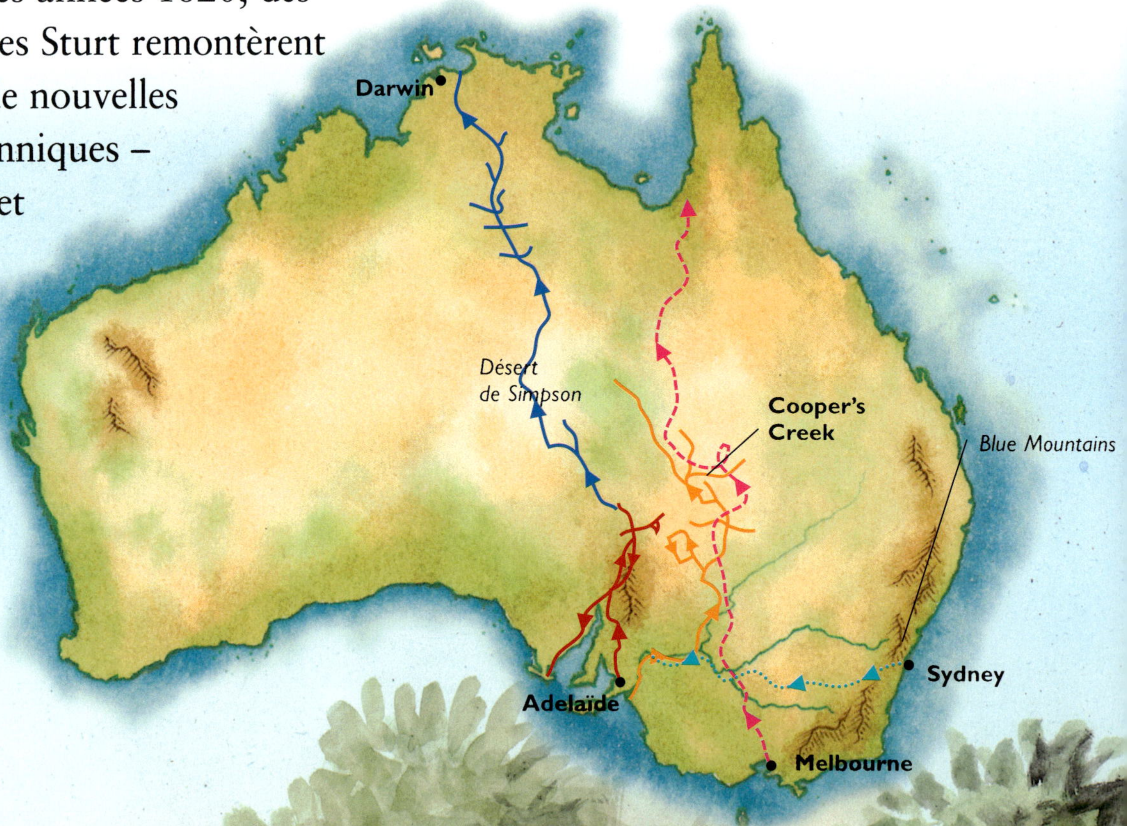

L'exploration de l'Australie

- Ch. Sturt 1829-1830
- E. Eyre 1840
- Ch. Sturt 1844-1845
- R. O'Hara Burke et W. Wills 1860-1861
- J. Stuart 1861 et 1862

À travers le désert

Avec l'espoir de remporter une récompense offerte par le gouvernement, des explorateurs tentèrent de traverser l'Australie du sud au nord. Edward Eyre fut l'un des premiers, mais il s'enlisa dans des lacs de sel et dut abandonner. Charles Sturt parcourut, lui, 250 km dans les terres arides du continent. La première traversée fut réalisée par Robert O'Hara Burke et William Wills en 1860-1861. Ils partirent avec des chameaux et établirent plusieurs campements. Avec Charlie Gray et John King, ils achevèrent seuls le voyage jusqu'à la côte nord, laissant le reste de l'expédition au camp de Cooper's Creek.

La vie sauvage
Les Européens furent fascinés par la faune unique de l'Australie. De plus, des animaux comme le kangourou constituaient une nourriture appréciable pour les explorateurs.

Tragédie à Cooper's Creek
Gray mourut sur le chemin du retour. Burke, Wills et King revinrent à Cooper's Creek. Sans instructions, les autres membres de l'expédition étaient partis. Burke et Wills moururent de faim et d'épuisement. Seul King, recueilli par des Aborigènes, survécut et raconta leur aventure.

La conquête des pôles

À la fin du XIXe siècle, les régions polaires étaient encore inexplorées. Quelques bateaux s'étaient approchés du pôle Nord ; l'explorateur norvégien Fridtjof Nansen était parvenu à proximité avec un traîneau en 1893. Une expédition américaine atteignit le pôle en 1909. Le pôle Sud, situé au milieu de l'immensité glacée du continent antarctique, semblait plus difficile d'accès encore. Les glaciers, les vents violents et les tempêtes de neige décourageaient les explorateurs. En 1908, l'expédition de l'Écossais Ernest Shackleton échoua à 180 km du pôle. C'est en 1910 que deux expéditions, conduites l'une par le Britannique Robert Scott et l'autre par le Norvégien Roald Amundsen, atteignirent le pôle Sud.

Le *Fram*
F. Nansen et R. Amundsen ont tous deux navigué sur ce bateau de 40 m de long. Sa coque renforcée résistait à la pression lorsque le navire était pris dans la glace. On peut le visiter dans un musée d'Oslo.

Le pôle Nord à tout prix !
L'explorateur et naturaliste américain Robert Peary voulait à tout prix atteindre le pôle Nord. C'est le 8 avril 1909, lors de sa huitième expédition dans l'Arctique, qu'il annonça sa réussite. À l'époque, certains émirent des réserves, doutant que Peary ait pu parcourir le chemin de son camp au pôle et en revenir en 16 jours, comme il l'affirmait. Cependant, certaines découvertes récentes ont prouvé qu'il disait la vérité.

La course au pôle Sud

Robert Falcon Scott et Roald Amundsen voulaient tous deux être les premiers à atteindre le pôle Sud. Scott avait dirigé une expédition en Antarctique et il avait découvert la terre du Roi–Edouard-VII. Amundsen possédait aussi une grande expérience de la région. En 1910, il voulait partir pour l'Arctique, mais il changea d'avis et préféra l'Antarctique. La course était lancée. Les deux équipes étaient bien préparées, mais Scott voulut que ses traîneaux soient tirés par des poneys. Quand ces derniers moururent, ses hommes et lui-même s'attelèrent aux traîneaux pour continuer à avancer, ce qui les ralentit. Amundsen utilisa des chiens et fut plus rapide. Il atteignit le pôle le 14 décembre 1911. Scott n'y parvint que le 17 janvier 1912. Il mourut avec ses hommes sur le chemin qui les ramenait au camp de base. Amundsen, lui, disparut, en 1928, avec l'avion envoyé au secours de l'Italien Nobile.

Scott à Cape Evans
L'explorateur britannique installa une confortable base pour ses hommes à Cape Evans. Il tenait un journal détaillé, rendant compte des travaux scientifiques menés par l'expédition. Il était accompagné de plusieurs chercheurs qui observaient le temps, collectaient des échantillons rocheux et étudiaient les glaciers. Ils rapportèrent des informations sur l'oiseau le plus connu de l'Antarctique, le manchot empereur.

La puissance des chiens
Amundsen et ses hommes se déplaçaient sur des traîneaux tirés par des chiens, comme le faisaient les Inuits. Pendant la plus grande partie du voyage, les chiens couvrirent plus de 20 km par jour, ce qui est remarquable dans les vents glacés de l'Antarctique. Amundsen prenait soin de ses chiens, mais il dut se montrer cruel : en arrivant près du pôle, ceux-ci étant trop nombreux pour être correctement nourris, il ordonna d'en supprimer certains.

EXPLORATION ET SCIENCE

De nombreux explorateurs aux XIXe et XXe siècles furent des scientifiques, observant les espèces nouvelles, examinant rochers et fossiles, étudiant les conditions météorologiques ou la vie sauvage. L'un des plus célèbres fut le naturaliste britannique Charles Darwin, dont les voyages inspirèrent et étayèrent la théorie de l'évolution.

Plus récemment, d'autres explorateurs, et en particulier des océanographes, ont fait des découvertes fascinantes concernant la vie sur notre planète. Grâce aux nouvelles technologies et à des inventions extraordinaires, la science aide les explorateurs. Qu'il s'agisse de photographie numérique, de navigation par satellite ou de chaussures d'escalade révolutionnaires, les aventuriers d'aujourd'hui profitent grandement des progrès scientifiques.

Carottages
Étudier les changements climatiques nous aide à comprendre le futur. Des scientifiques procèdent à des carottages (de longs cylindres de glace prélevés en profondeur) dans l'Antarctique. La glace contient des particules chimiques et des débris organiques qui nous renseignent sur les changements climatiques survenus il y a des milliers d'années.

Le *Kon-Tiki*

L'archéologue norvégien Thor Heyerdahl était fasciné par les similitudes entre les anciennes cultures d'Amérique du Sud et celles des îles de la Polynésie. Il se demanda si les Indiens du Pérou pouvaient avoir traversé le Pacifique. Utilisant les matériaux dont disposaient les Indiens, Heyerdahl construisit un radeau en balsa, le *Kon-Tiki*. Il parcourut 6 900 km du Pérou jusqu'en Polynésie. En utilisant les mêmes moyens techniques, il démontra ainsi que les Indiens pouvaient avoir fait la traversée.

La quête du savoir

Aux XVIIIe et XIXe siècles, les naturalistes voyageaient dans diverses parties du monde, comme l'Amérique du Sud, l'Afrique et l'Asie du Sud-Est, peu connues des Européens. Ils étaient fascinés par les forêts encore vierges, les grands fleuves et l'immense variété des plantes et des animaux qu'on y trouvait. Les forêts tropicales d'Amérique du Sud attirèrent de nombreux explorateurs. L'Allemand Alexander von Humboldt et le Français Aimé Bonpland traversèrent la cordillère des Andes. Les Anglais Alfred Russel Wallace et Henry Bates explorèrent le bassin de l'Amazonie. Le plus célèbre des naturalistes demeure le Britannique Charles Darwin.

Aux origines de la théorie de Darwin
Il s'intéressa aux oiseaux des îles Galápagos. Ceux-ci avaient développé diverses formes de bec, adaptées à la nourriture disponible sur chacune des îles. Certains possédaient un bec long et fin pour atteindre les insectes vivant sous les écorces, d'autres avaient un bec trapu, capable d'ouvrir les coquillages. Ces observations étayèrent sa théorie de l'évolution biologique : la variabilité des espèces expliquée par le milieu.

Darwin au travail
Le *Beagle* était un bateau sans aucun confort. Charles Darwin travaillait à l'étroit et il souffrait du mal de mer. Pourtant, il remplit de nombreux carnets de ses notes et observations afin d'écrire son *Voyage d'un naturaliste autour du monde*.

Alexander von Humboldt et l'Équateur
Ce naturaliste allemand escalada, en 1802, le Chimborazo (5 800 m), un volcan en Équateur. C'était un véritable exploit. Humboldt et Bonpland explorèrent ensemble l'Amérique du Sud pendant 5 ans.

Les plantes
Aimé Bonpland dessina des milliers de plantes, dont l'*Inga excelsa*, alors inconnue en Europe. Nombre de ses dessins furent publiés dans l'ouvrage rédigé avec Humboldt : *Voyage aux régions équinoxales du Nouveau Continent fait de 1799 à 1804.*

Darwin et le *Beagle*

Charles Darwin n'avait que 23 ans lorsqu'il s'embarqua en qualité de naturaliste à bord du *Beagle*. Le navire mouilla dans de nombreuses régions du monde, mais Darwin effectua ses travaux les plus importants en Amérique du Sud et aux îles Galápagos. Darwin fut passionné par ses observations, notamment dans la forêt tropicale. Il découvrit des milliers d'espèces, utilisant ses recherches pour rédiger son ouvrage capital, *De l'origine des espèces au moyen de la sélection naturelle*. Dans la jungle brésilienne, il fut frappé par le bruit produit par les millions d'insectes, « si puissant qu'il était audible d'un vaisseau ancré à plusieurs centaines de mètres du rivage ».

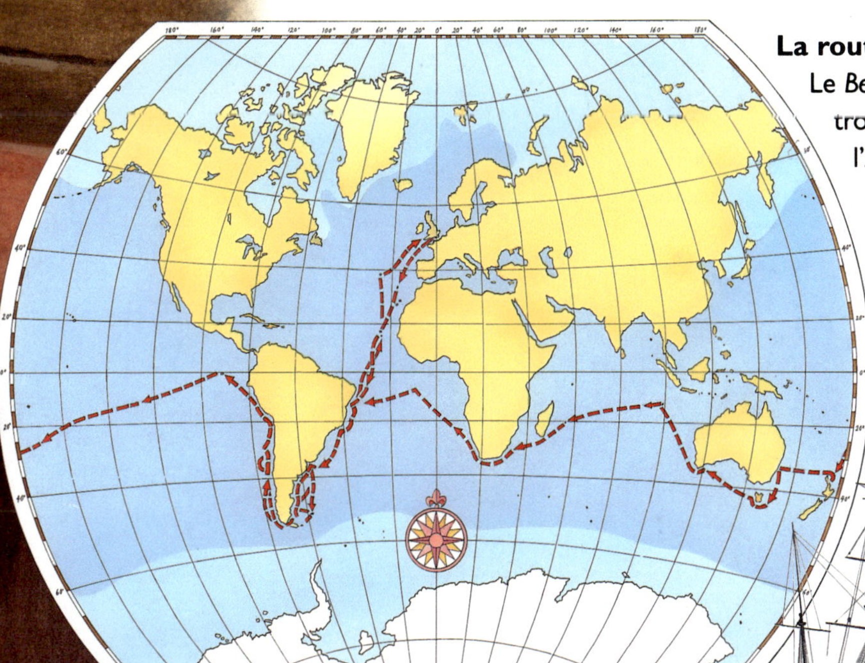

La route du *Beagle*
Le *Beagle* longea pendant trois ans les côtes de l'Amérique du Sud, avant de passer dans le Pacifique, de traverser les océans Indien et Atlantique, et enfin de regagner la Grande-Bretagne.

À l'assaut des sommets

La majesté et la hauteur des montagnes ont depuis toujours fasciné les hommes, mais l'alpinisme, comme sport, n'est pratiqué que depuis le XVIIIe siècle. Les sommets d'Europe furent d'abord conquis et, vers 1870, les premiers alpinistes avaient gravi toutes les grandes montagnes des Alpes. Les grimpeurs ont ensuite parcouru les massifs du monde entier. En 1950, les Français Maurice Herzog et Louis Lachenal, en gravissant l'Anapurna (8 078 m), réussissaient pour la première fois l'ascension d'un sommet dépassant 8 000 m.

Les bottes d'Edmund Hillary
Ces bottes en cuir furent spécialement fabriquées en 1950 pour l'expédition sur l'Everest. Chaudes et légères, elles comportaient deux couches de cuir séparées par de la fourrure d'opossum pour renforcer la chaleur.

La conquête de l'Everest
Lors de l'expédition dans l'Himalaya de Sir John Hunt, en mai 1953, le Néo-Zélandais Edmund Hillary et le Népalais Tenzing Norgay furent les premiers à atteindre le sommet de l'Everest (Chomolungma en tibétain), point culminant de la Terre (8 848 m). Ils établirent un camp à 4 000 m pour s'habituer au manque d'oxygène.

Le mont Blanc
En 1760, le géologue et physicien suisse Horace Benedict de Saussure offrit une récompense au premier alpiniste capable d'atteindre le sommet du mont Blanc (4 807 m). Le Français Michel-Gabriel Paccard réalisa l'exploit en 1786. Saussure fit de même l'année suivante, utilisant des échelles pour négocier les passages difficiles.

Everest, 1975
L'alpiniste britannique Chris Bonington mena une expédition sur l'Everest en 1975. Choisissant la difficile voie sud-ouest, il se heurta avec sa cordée à un périlleux mur de glace. Bonington n'atteignit le sommet qu'en 1985, lors d'une autre ascension.

Des chaussures adaptées
En fibres synthétiques et en plastique, elles sont légères, chaudes et imperméables. Ces chaussures sèchent très rapidement, ce qui évite aux pieds de geler.

La science au service de l'alpinisme

Les alpinistes doivent affronter des vents violents, des versants abrupts et, plus difficile encore, un manque d'oxygène dû à l'altitude. Les découvertes scientifiques les ont aidés. Ainsi, dans les années 1920, des chercheurs découvrirent que les grimpeurs devaient observer des paliers pour parvenir à haute altitude sans ressentir de malaises. Lors de l'expédition britannique de 1953, les alpinistes s'aperçurent qu'un apport supplémentaire en oxygène améliorait leurs performances.
Ils utilisèrent les lourdes bonbonnes encombrantes existant à l'époque. Sir John Hunt, qui menait l'expédition, déclara au retour : « Sans oxygène, nous n'aurions probablement pas atteint le sommet. » De nouveaux matériaux légers et résistants permettent de mieux affronter le froid.

À la recherche du *Titanic*
En avril 1912, le *Titanic* sombra au large de Terre-Neuve après avoir heurté un iceberg. C'était alors le plus grand transatlantique du monde. 1 500 personnes périrent noyées. L'épave ne fut découverte qu'en 1986 par l'équipe de l'Américain Robert Ballard par 4 000 m de fond. On utilisa un robot téléguidé, *Alvin*, et un petit véhicule robotisé pour filmer et photographier le bateau.

Les profondeurs marines

L'eau recouvre plus des deux tiers de la surface du globe ; pourtant, les profondeurs marines furent les dernières à avoir été explorées. Pour rester longtemps sous l'eau, nous avons besoin de réserves d'oxygène, et pour les grandes profondeurs des équipements spéciaux sont nécessaires pour résister aux fortes pressions. Les scientifiques n'étudient le fond des océans que depuis une période relativement récente. Leurs découvertes, des créatures inconnues des grands fonds aux épaves disparues, sont fascinantes.

Le scaphandre autonome automatique
En 1943, l'océanographe et cinéaste Jacques-Yves Cousteau inventa le scaphandre autonome automatique. Ce vêtement totalement étanche, doté d'une bouteille à air comprimé, permet de respirer sous l'eau sans être relié à la surface. Cousteau effectua des plongées dans toutes les mers du globe. Un des films de Cousteau, *Le Monde du silence* (1956), reste un classique du genre.

De plus en plus profond

Les explorateurs des océans ont atteint des profondeurs de plus en plus importantes au cours du XXe siècle mais, dans les abysses, la pression était trop forte même avec des engins comme la bathysphère. En 1953, le physicien suisse Auguste Piccard – qui servit de modèle à Hergé pour le professeur Tournesol – mit au point le premier bathyscaphe, le *Trieste*. En 1960, son fils, Jacques, et Don Walsh, un officier de marine américain, effectuèrent la plongée la plus profonde à ce jour, à 10 924 m dans la fosse des Mariannes, située dans le Pacifique. Ces expéditions ont permis de découvrir des espèces animales inconnues jusqu'alors.

La bathysphère de Beebe
Charles William Beebe dessina la bathysphère dans les années 1930. Un câble d'acier reliait une coque de 1,50 m de diamètre à la surface. Cette sphère aux épaisses parois de métal (38 cm) permit de plonger jusqu'à 923 m, en 1934, aux Bermudes.

Les scaphandres
Au XIXe siècle, les plongeurs portaient de lourds scaphandres, créés par l'inventeur allemand Augustus Siebe. Un long tuyau reliait le casque à la surface et l'air était insufflé dans celui-ci, permettant au plongeur de respirer. À l'expiration, l'air jaillissait en bulles au niveau du cou.

Le monde en cartes

Aujourd'hui, les cartes sont très précises, mais celles-ci n'existeraient pas sans les explorateurs et les arpenteurs qui voyagèrent partout pour rapporter des informations. Les anciennes cartes étaient souvent fantaisistes. De nombreuses zones restaient inconnues et les dessinateurs avaient parfois recours à des estimations personnelles pour combler les vides. À mesure que les explorations devenaient plus nombreuses et les techniques de relevé plus fiables, les cartes furent plus exactes.

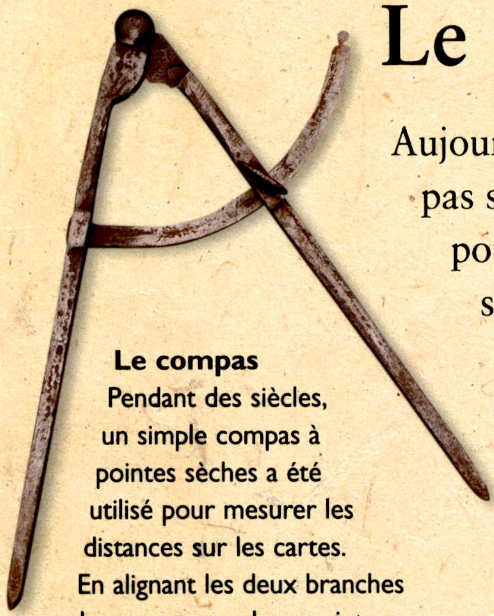

Le compas
Pendant des siècles, un simple compas à pointes sèches a été utilisé pour mesurer les distances sur les cartes. En alignant les deux branches du compas sur deux points de la carte, puis en positionnant l'instrument sur une échelle, on pouvait calculer la distance entre deux lieux.

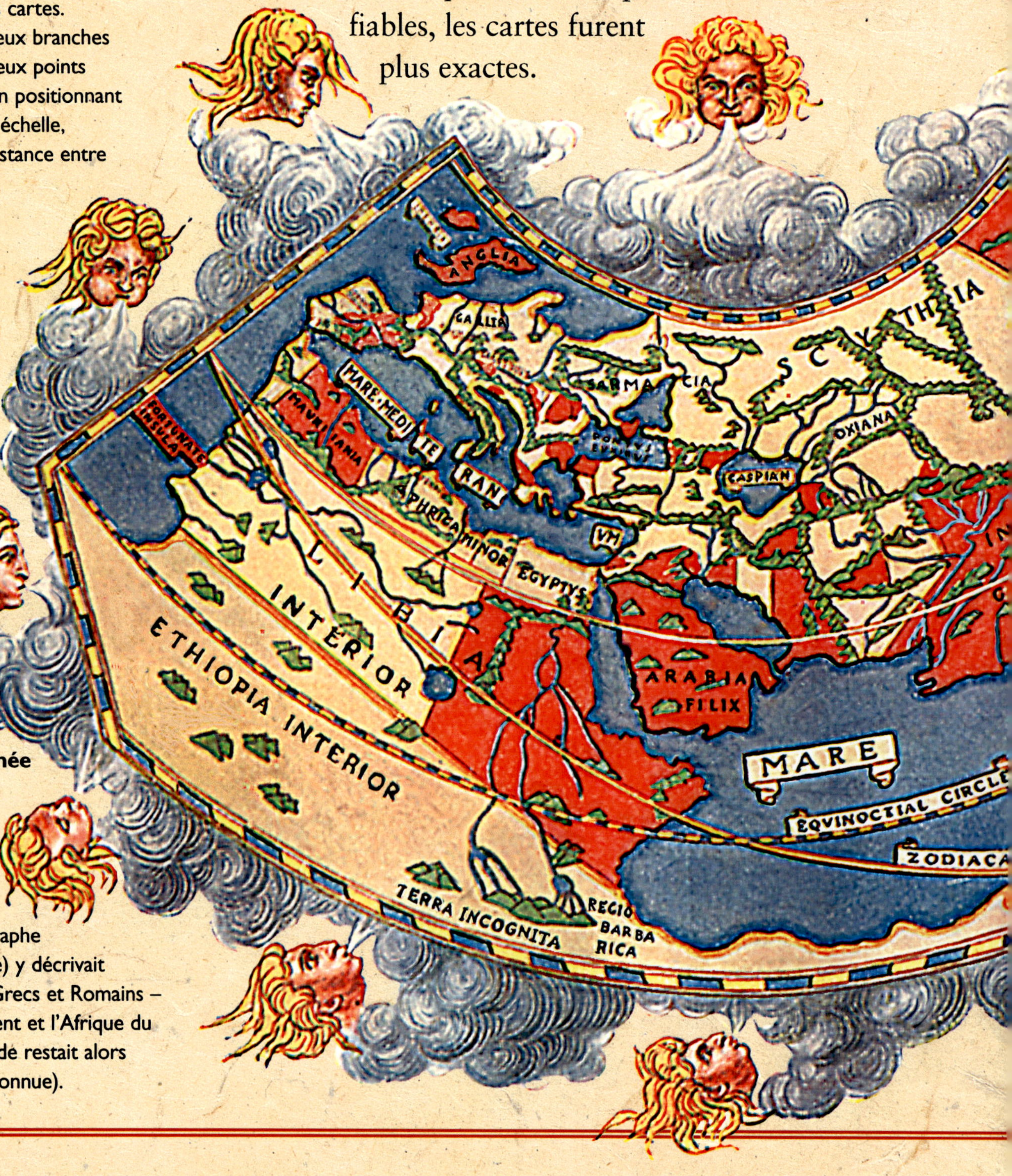

Le monde de Ptolémée
Au Moyen Âge, les cartes s'inspiraient de l'ouvrage d'astronomie, le *Guide géographique*. Le mathématicien et géographe grec Ptolémée (IIe siècle) y décrivait le monde des anciens Grecs et Romains – l'Europe, le Moyen-Orient et l'Afrique du Nord. Le reste du monde restait alors *terra incognita* (terre inconnue).

Le monde à la Renaissance

Au XVIe siècle, une floraison d'érudits mettent à profit les informations rapportées par les explorateurs pour établir des cartes plus précises. Celles-ci incluent l'Amérique centrale, l'Amérique du Nord et du Sud ainsi que l'Afrique. Elles offrent une vue plus générale du monde. Pourtant, de grands vides subsistent et les contours de l'Amérique du Nord ou du Sud sont flous. Sur la carte ci-contre, le dessinateur a surestimé la taille de la fameuse *Terra Australis incognita*, le grand continent inconnu du sud.

Histoire de la cartographie

Avant le XVIe siècle, la plupart des cartes étaient basées sur le monde méditerranéen. Elles avaient souvent Jérusalem pour centre et ne représentaient qu'une infime partie du globe. Les cartes furent plus précises à mesure que les explorateurs découvraient l'Afrique, l'Asie, les Amériques, enfin l'Australie. Au XVIe siècle, le développement de l'imprimerie facilita la reproduction des cartes. Au XVIIIe siècle, les relevés topographiques devinrent plus systématiques. Le premier relevé national se déroula en France. Les Cassini – une famille d'astronomes et de topographes – contribuèrent, au XVIIIe siècle, à la mise au point de la carte de France. Des arpenteurs se joignirent aux nouveaux immigrants d'Amérique du Nord pour dresser les cartes des terrains à coloniser. Au XIXe siècle, les relevés devinrent beaucoup plus précis et certains sont les ancêtres de nos cartes.

Le monde du XVIIe siècle

À la fin du XVIIe siècle, les Hollandais avaient établi des colonies en Indonésie. Ils poursuivaient leurs explorations vers le sud de l'océan Indien. Les cartographes savaient dessiner une grande partie des côtes australiennes. Ils étaient persuadés que l'Australie faisait partie d'un très vaste continent au sud de la Terre. Sur cette carte, le tracé de l'Australie est inachevé.

Réaliser une carte

Les progrès des mathématiques, de l'astronomie et des techniques spatiales ont changé la vision des cartographes. Ils peuvent s'appuyer sur des relevés précis des distances et des altitudes. Des photographies aériennes à l'aide d'un objectif pointé à la verticale du sol apportent une précieuse source d'informations. Les satellites qui gravitent autour de la Terre émettent des signaux qui permettent aux scientifiques d'établir les moindres détails de notre planète.

Le sextant
Inventé au XVIIIe siècle, le sextant était utilisé par les explorateurs et les topographes pour calculer leur latitude. L'utilisateur regardait à travers une lunette en déplaçant une barre jusqu'à ce que le soleil semble aligné avec l'horizon. On pouvait lire la latitude sur le cadran gradué situé à la base de l'instrument.

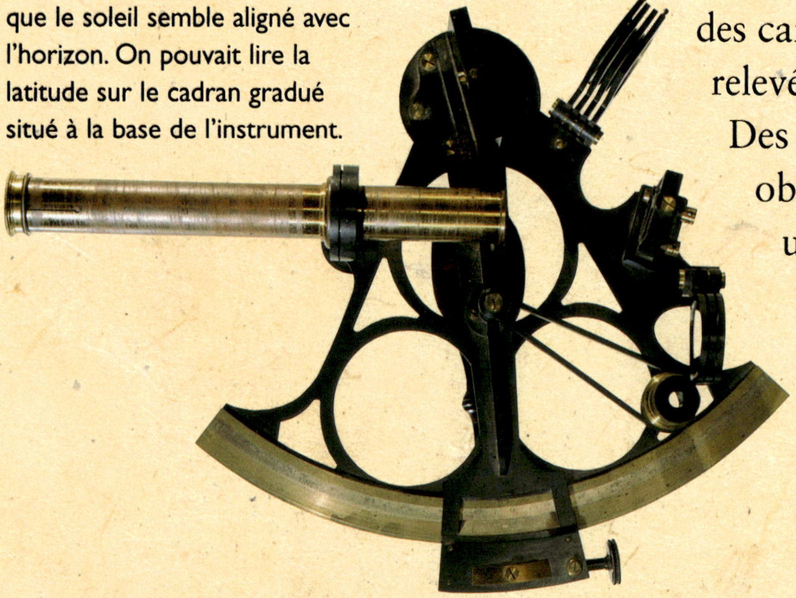

L'art du cartographe

Il existe différents types de cartes – cartes marines, plans de ville, cartes territoriales, etc. Le cartographe doit choisir le type le mieux adapté à ses objectifs avant de commencer à travailler. L'une des grandes différences entre les cartes réside dans leur échelle – taille relative à laquelle les éléments sont illustrés. Une carte à petite échelle (par exemple 1/1 000 000e, c'est-à-dire 1 cm pour 10 km) montre peu de détails, mais représente de grandes surfaces. Les échelles plus grandes (par exemple 1/25 000e, c'est-à-dire 1 cm pour 250 m) donnent plus de détails et sont utilisées pour les zones plus réduites. Beaucoup d'éléments figurent sur les cartes sous forme de symboles. Ils peuvent aller de marques particulières représentant les villes aux couleurs différentes symbolisant les altitudes au-dessus du niveau de la mer. Sur les cartes, des lignes verticales et horizontales aident à se repérer. Ces lignes suivent celles des latitudes et des longitudes qui découpent la Terre.

Dans le cercle
Sur les globes – des cartes en trois dimensions – toutes les distances, les zones et les hauteurs sont exactement proportionnées aux dimensions de la Terre. Ce n'est pas possible sur une carte en deux dimensions.

Les projections

Les projections permettent de représenter tout ou partie de la surface tridimensionnelle du globe sur une carte en deux dimensions. Il existe diverses sortes de projections – cylindrique, conique, orthogonale. La projection cylindrique que le cartographe flamand Mercator établit en 1569 (ci-contre en haut) est un exemple classique. Toutes les formes de projections entraînent des déformations et plus on va vers les pôles, plus celles-ci sont importantes (ci-contre en bas).

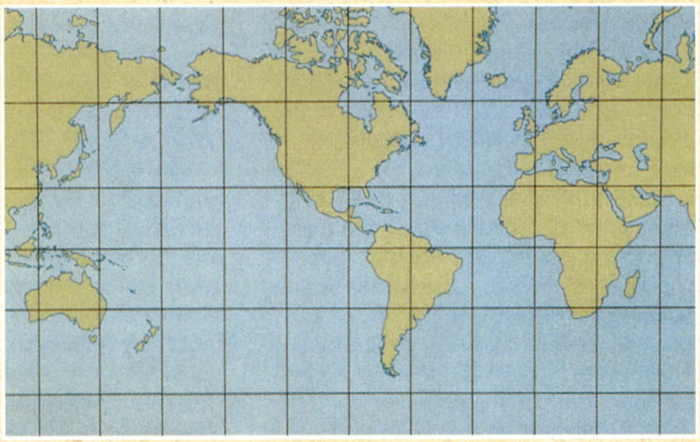

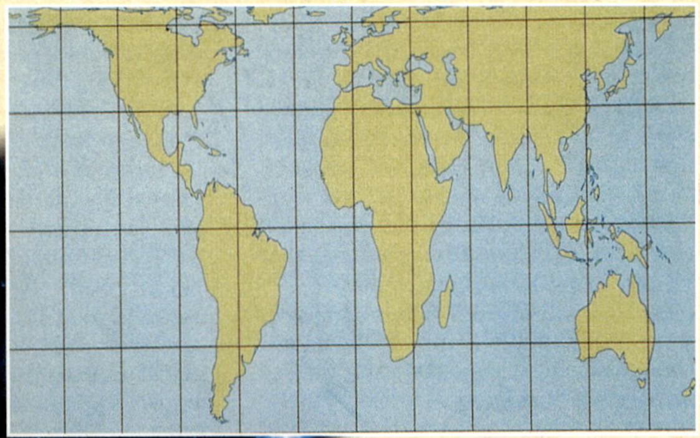

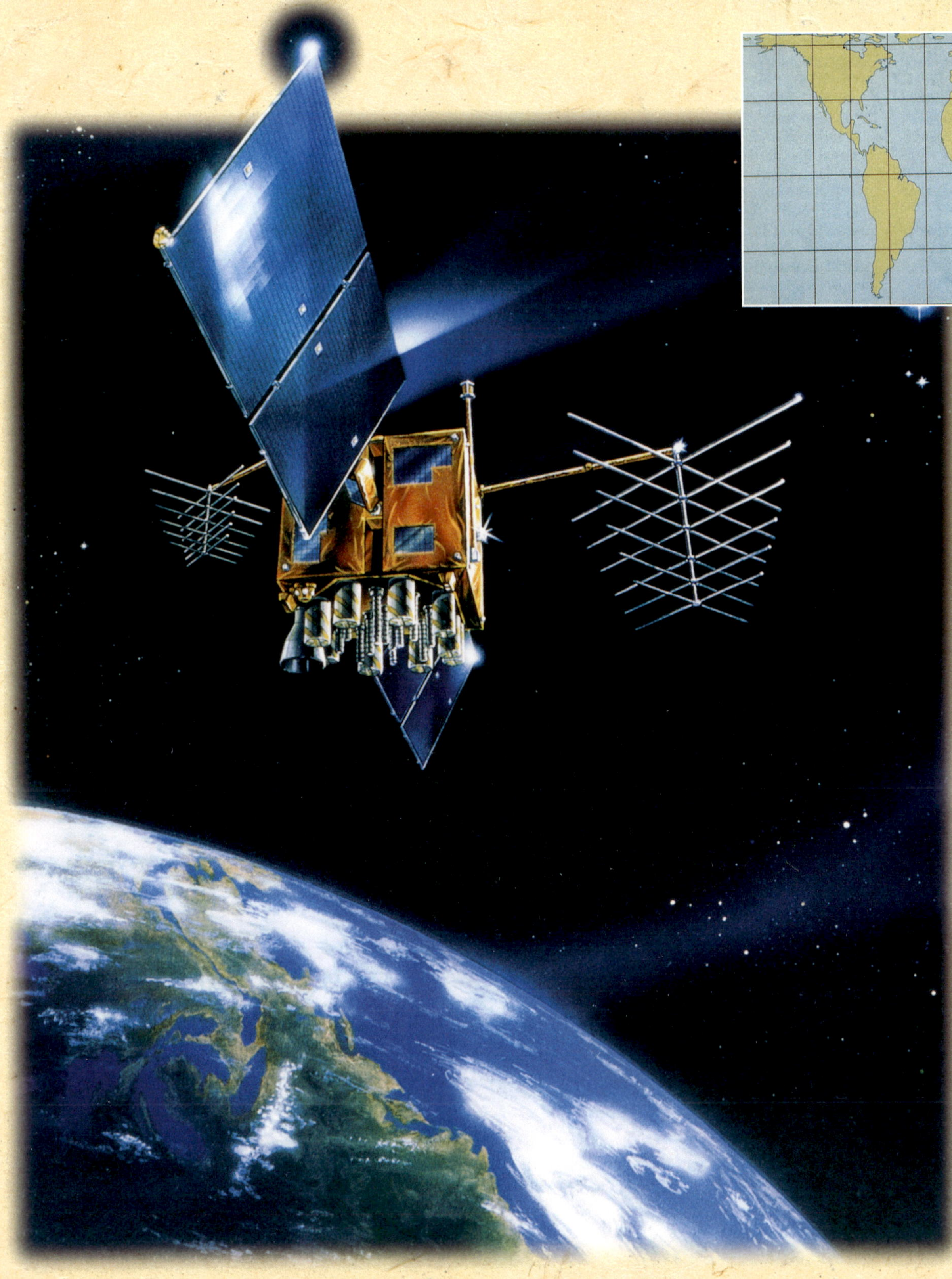

Les satellites

Les satellites artificiels en orbite autour de la Terre transportent des instruments pouvant détecter les objets présents sur la planète en utilisant des ondes infrarouges ; celles-ci produisent des images détaillées qui sont ensuite renvoyées vers la Terre. Ces images montrent énormément de détails de la planète – depuis les constructions et la végétation jusqu'aux différents types de roches. Ces informations sont précieuses pour les cartographes qui peuvent établir des cartes très précises.

Grandes dates

1492 AV. J.-C.
La reine d'Égypte Hatshepsout envoie une expédition vers le pays de Pount.

470 AV. J.-C.
Le navigateur phénicien Hanno explore les côtes africaines (nord et ouest).

330 AV. J.-C.
L'explorateur grec Pythéas remonte dans l'Atlantique Nord jusqu'à Thulé.

138 AV. J.-C.
Zhang Qian commence son long voyage à pied à travers l'Asie.

629-645
Le voyageur bouddhiste Xuan Zang explore l'ouest de la Chine et l'Inde.

VERS 1000
Le Viking Leif Eriksson découvre Terre-Neuve.

1260
Les frères Polo, marchands vénitiens, quittent l'Italie pour un voyage qui les mènera jusqu'à Cambaluc (Pékin).

1352
Ibn Battuta part de Marrakech pour son voyage à travers le Sahara.

1485-1486
Diego Cão navigue du Portugal au Cap de la Croix, sur la côte ouest de l'Afrique.

1487-1488
Barthélemy Dias est le premier navigateur portugais à atteindre l'océan Indien.

1492-1493
Premier voyage de Christophe Colomb.

1497
Jean Cabot appareille de Bristol, en Angleterre, pour traverser l'Atlantique. Il atteint Terre-Neuve.

1497-1498
Vasco de Gama part du Portugal pour longer les côtes de l'Afrique, puis traverse l'océan Indien jusqu'en Inde.

1519
Le Portugais Ferdinand de Magellan commence au nom de l'Espagne son voyage autour du monde. Il meurt, mais un de ses bateaux revient en Europe en 1522 sous le commandement de Sebastián El Cano.

1519-1521
L'Espagnol Hernán Cortés conquiert le Mexique.

1531-1533
Francisco Pizarro conquiert l'empire des Incas au Pérou pour le compte de l'Espagne.

1535-1538
Le navigateur français Jacques Cartier remonte le Saint-Laurent au Canada.

1539-1542
L'Espagnol Hernando de Soto conquiert la Floride et explore le Mississippi.

1576
Le navigateur anglais Martin Frobisher navigue jusqu'à la Terre de Baffin à la recherche du passage du Nord-Ouest. Il ne le trouve pas et revient sur ses pas.

1577-1580
Francis Drake fait le tour du monde.

1594-1597
William Barents navigue jusqu'à la mer de Kara dans sa recherche du passage du Nord-Est.

1603
Samuel de Champlain débarque en Amérique du Nord. C'est le fondateur du Canada français.

1610-1611
Recherchant le passage du Nord-Ouest, Henry Hudson atteint la baie d'Hudson avant de mourir dans ses eaux glacées.

1642-1643
Le Hollandais Abel Tasman explore le Pacifique, découvre la Terre de Van Diemen, va jusqu'en Nouvelle-Zélande, aux Fidji et aux îles Tonga.

1669-1680
Robert Cavelier de la Salle explore les Grands Lacs canadiens.

1766-1769
Louis de Bougainville traverse le Pacifique, aborde à Tahiti, à Samoa et aux Nouvelles-Hébrides. Il n'aborde pas en Australie à cause de la Grande Barrière de corail.

1768-1771
James Cook effectue son premier voyage dans le Pacifique. Il contourne les côtes de la Nouvelle-Zélande et gagne celle de l'est de l'Australie.

1785-1788
La Pérouse, parti de Brest, rejoint l'Alaska, puis explore le Pacifique Sud du cap Horn aux Philippines avant de disparaître aves ses bateaux l'*Astrolabe* et la *Boussole*.

1796
Mungo Park explore le Niger, où il reviendra une seconde fois en 1805.

1799-1804
L'expédition de Humboldt et Bonpland en Amérique du Sud permet de découvrir de nouvelles espèces végétales.

1803
Meriwether Lewis et William Clark explorent la Louisiane, territoire récemment acheté à la France.

1828
Habillé en arabe, René Caillié visite la grande cité commerciale de Tombouctou, aux confins du Sahara.

1828-1830
Charles Sturt explore les rivières du Sud-Est australien, comme la Macquarie.

1831-1836
Naturaliste sur le *Beagle*, Charles Darwin fait d'importantes découvertes scientifiques en Amérique du Sud et aux îes Galápagos. Il pose les bases de sa théorie de l'évolution.

1840-1841
Edward Eyre voyage d'Adelaïde à Albany en suivant la côte sud de l'Australie.

1844-1846
Charles Sturt fait une incursion au centre de l'Australie, révélant ainsi que le centre du continent est désertique.

1845-1847
Le Britannique John Franklin périt au large de la Terre de Baffin. Il était resté 18 mois prisonnier des glaces.

1848-1852
Alfred Russel Wallace explore l'Amazone et ses affluents, en Amérique du Sud.

1850-1855
L'Allemand Heinrich Barth traverse le désert du Sahara de Tripoli à Kano.

1857
John Hanning Speke commence une série d'expéditions dans l'est de l'Afrique, qui conduiront à la découverte du lac Victoria et des sources du Nil.

1860-1861
Robert O'Hara Burke et William Wills traversent l'Australie du sud à la côte nord.

1872-1876
Le navire d'exploration océanographique *Challenger* entreprend un voyage autour du monde. Les scientifiques qui sont à bord étudient tous les océans du globe sauf l'océan Arctique.

1878-1879
Adolf Erik Nordenskjöld franchit le passage du Nord-Est.

1893-1896
Le Norvégien Fridtjof Nansen traverse l'océan Arctique sur le *Fram,* puis poursuit à pied son chemin vers le pôle. Mais il ne parvient pas à l'atteindre.

1903-1906
Le Norvégien Roald Amundsen franchit le passage du Nord-Ouest sur son bateau, le *Gjøa*.

1909
L'Américain Robert Peary mène une huitième expédition dans l'Antarctique. Il affirme avoir atteint le pôle Nord.

1911
Le Norvégien Roald Amundsen atteint le pôle Sud.

1911
Le Britannique Robert Falcon Scott dirige une expédition en Antarctique. Il meurt avec ses compagnons durant le voyage de retour.

1914-1916
L'Irlandais Ernest Shackleton essaie de traverser l'Antarctique depuis la mer de Weddell jusqu'à la mer de Ross. Il doit abandonner son bateau.

1934
L'inventeur américain Charles William Beebe bat un record de plongée dans sa bathysphère aux Bermudes.

1943
Jacques-Yves Cousteau invente le scaphandre autonome automatique.

1960
Edmund Hillary et Tenzing Norgayy conquièrent l'Everest (8 846 m).

1960
Le Suisse Jacques Piccard descend à plus de 11 000 m dans la fosse des Mariannes (Pacifique), grâce au bathyscaphe *Trieste*.

1979-1982
Une expédition menée par Ranulph Fiennes longe le méridien de Greenwich, en passant par les deux pôles.

1993
Ranulph Fiennes et Michael Stroud traversent l'Antarctique à pied (2 172 km en 88 jours).

1999
Bertrand Piccard et Brian Jones sont les premiers à accomplir le tour du monde en ballon. Le *Breitling Orbiter* monte à 11 000 m d'altitude.

2001
L'Américaine Ann Bancroft et la Norvégienne Liv Arnesen sont les premières femmes à traverser l'Antarctique à pied.

Glossaire

acclimater (s') S'habituer à un climat ou un environnement nouveaux.

alliés Personnes ou pays formant une alliance qui leur profite mutuellement.

altitude Hauteur habituellement mesurée par rapport au niveau de la mer.

archéologue Personne qui étudie les vestiges et les monuments anciens.

autoneige, motoneige Véhicule permettant de se déplacer sur la neige.

bathysphère Sphère reliée à la surface par un câble, permettant d'explorer les profondeurs sous-marines.

blizzard Tempête de neige accompagnée de vents froids et violents.

botanique Étude scientifique des plantes.

bush Région non cultivée, couverte d'arbres et d'arbustes.

caravane Voyageurs ou marchands se réunissant pour se déplacer ensemble.

circumnavigation Voyage d'exploration maritime. L'expédition menée par Magellan est la première circumnavigation.

cocon Enveloppe fabriquée par des insectes, comme le vers à soie, pour se protéger pendant qu'ils se transforment en adultes.

colonies Établissements – villes ou territoires – fondés à l'étranger par des ressortissants du pays colonisateur.

conquistadors Aventuriers espagnols partis à la conquête de l'Amérique aux XVe et XVIe siècles.

continent Vaste étendue de terre limitée par un ou plusieurs océans. On considère qu'il y a 5 continents : Asie, Afrique, Amérique, Europe, Océanie.

crevasse Profonde brisure dans un glacier.

détroit Bande de terre reliant deux mers ou deux océans.

écosystème L'environnement dans sa globalité, formé par le milieu et les organismes qui y vivent.

environnement Tout ce qui entoure une plante, un animal ou un être humain ; tout ce qui affecte leur croissance ou leur bien-être.

équateur Ligne imaginaire entourant la Terre à égale distance des deux pôles.

évolution Transformation d'une espèce vivante pour arriver à la constitution d'une nouvelle espèce. La théorie de l'évolution de Darwin montre de quelle manière les êtres vivants ont évolué depuis des millions d'années pour devenir tels qu'ils sont aujourd'hui.

forêt tropicale Se caractérise par une végétation dense et de fortes chutes de pluie.

fosse Gouffre profond parfois situé au fond des océans, comme la fosse des Mariannes.

géologue Scientifique étudiant la géologie, science qui a pour objet l'étude de la structure, de la composition et de l'histoire de la Terre.

glacier Rivière de glace qui se déplace très lentement sur la pente d'une montagne.

globe La Terre ou une carte de la Terre imprimée sur une sphère.

GPS (Global Positioning System) Système de navigation qui permet de localiser précisément une position en utilisant les signaux radio des satellites.

habitat Endroit où vivent les plantes et les animaux ; le désert, la forêt tropicale, les océans et les villes sont des habitats.

hydrogène Gaz inflammable invisible, très léger, utilisé dans les ballons dirigeables.

importer Faire entrer des marchandises venues de l'étranger dans un pays.

jungle Forêt des régions tropicales ou équatoriales, se caractérisant par une végétation dense.

latitude Distance au nord ou au sud de l'équateur, mesurée en degrés.

longitude Distance à l'est ou à l'ouest du méridien 0, mesurée en degrés.

malaria Maladie infectieuse transmise par la piqûre de certains moustiques, qui provoque des accès de fièvre et des frissons.

méridien Ligne imaginaire entourant la Terre et passant par les deux pôles. La longitude est mesurée à l'est et à l'ouest du méridien 0 qui passe à Greenwich, près de Londres.

missionnaire Personne qui voyage pour convertir les autochtones à une religion ou se mettre au service d'une communauté.

nacelle Capsule ou conteneur suspendu sous un ballon dirigeable pour transporter des passagers.

naturaliste Scientifique qui étudie les animaux, les plantes ou les autres aspects de la nature.

naviguer Voyager par bateau ou planifier le trajet d'un voyage par mer.

orbite Trajet suivi par un satellite ou un autre objet qui gravite autour d'une planète.

paravoile Voile en forme de parachute destinée à tirer les skieurs sur la neige.

patins Bandes de métal ou de bois sur lesquelles on place un traîneau afin de glisser sur la glace.

pionniers Premiers hommes ou femmes à accomplir quelque chose, comme les explorateurs qui débarquèrent sur les terres inconnues de l'Amérique du Nord pour fonder des colonies.

polaire Se dit d'une région située près d'un des deux pôles.

pôle Sud et pôle Nord Les deux points de la Terre qui forment les extrémités de son axe de rotation. On les appelle aussi le pôle arctique (boréal) et le pôle antarctique (austral).

portulan Carte marine utilisée par les premiers explorateurs, sur laquelle les relevés étaient faits à partir de lignes droites partant de nombreux points. Également appelé carte pisane.

nomadisme Style de vie consistant à se déplacer continuellement pour trouver de la terre et des aliments.

Nouveau Monde Nom donné aux Amériques par les Européens au XVe siècle, lorsque les explorateurs découvrirent ces terres inconnues.

ondes infrarouges Ondes lumineuses invisibles qui irradient depuis la surface de la terre ; elles permettent de vérifier de nombreuses données géographiques depuis l'espace.

poupe Arrière d'un navire.

pression Force exercée par un corps ou un objet sur un autre.

promontoire Bande de terre s'avançant au-dessus de la mer – un cap est un promontoire.

proue Avant d'un navire.

relevé topographique Relevé des distances, des altitudes et des caractéristiques d'une zone pour établir une carte.

satellite Engin lancé dans l'espace en orbite autour de la Terre ou d'une autre planète équipé d'appareils scientifiques.

scaphandre Appareil de plongée individuel.

seconde végétation Repousse des plantes dans une forêt qui a été éclaircie. Elle est très épaisse au niveau du sol.

spécimens Plantes, animaux ou morceaux de roches recueillis par un scientifique pour illustrer les caractéristiques principales.

submersible Petit sous-marin qui peut atteindre des eaux trop profondes pour des plongeurs.

territoire Zone de terre appartenant à un pays.

traité Accord légal conclu entre deux États.

tropical Se dit d'un endroit situé sous les tropiques ; ces derniers sont signalés sur la carte par deux lignes de latitude, le tropique du Cancer et le tropique du Capricorne.

végétation Plantes et végétaux poussant dans un endroit donné.

ventilation Manière dont l'air se renouvelle dans une zone.

Index

Crédits photographiques

L'éditeur remercie les illustrateurs pour leur participation à cet ouvrage :
h = haut, *b* = bas, *c* = centre, *g* = gauche, *d* = droite
Nigel Chamberlain 50-51 ; **Gino D'Achille** 44-45 ; **Douglas Harken** 49 *bd* ; **Gary Hinks** 49 *bc* ; **Adam Hook** 12-13, 58 *hg* ; **Richard Hook** 18-19, 28-29 ; **John James** 37 *hd* ; **Jack Keay** 22 *cg* ; **Linden Artists Ltd** 12 *bg* ; **Kevin Maddison** 16 *hc*, 16 *hd* ; **Salariya/Willii** 17 *hg* ; **Mike Sanders** 37 *h*, 39 *b*, 42 *c* ; **Claudia Saraceni** 43 *hd* ; **Thomas Trojev** 10 *hg* ; **Richard Ward** 12 *hg* ; **Mike White** *couverture*, 8-9, 14-15, 24-25, 30-31, 32-33, 36-37, 40-41, 42-43, 46-47, 48-49 ; **Paul Wright** 34-35, 38-39.

L'éditeur remercie les photographes pour leur participation à cet ouvrage :
h = haut, *b* = bas, *c* = centre, *g* = gauche, *d* = droite
Pages : **4** *bg* Corbis ; **5** *h* Royal Geographical Society/J.T. Studley ; **5** *cg* The Royal Geographical Society/Brunei Rainforest Project 91-92/Chris Coldicott ; **6** *hg* The Royal Geographical Society ; **6** *cd* Raleigh International ; **6** *bg* The Royal Geographical Society ; **7** *cd* The Royal Geographical Society ; **10** *bg* Werner Forman Archive ; **13** *hd* Ancient Art & Architecture Collection/R. Sheridan ; **15** *hd* The Royal Geographical Society/Ian MacWilliam ; **15** *cg* Corbis ; **15** *bd* Ancient Art & Architecture Collection/R. Sheridan ; **17** *cd* Werner Forman Archive/National Museum, Copenhague; **19** *hd* The Bridgeman Art Library/Topkapi Palace Museum, Istanbul ; **19** *cd* Bruce Coleman Collection/Joe McDonald ; **21** *hd* The Bridgeman Art Library/British Library, Londres ; **22** *hg* The Art Archive/Golestan Palace, Téhéran/Dagli Orti ; **22-23** *b* Bibliothèque nationale, Paris ; **23** *hg* The Master and Fellows of Corpus Christi College, Cambridge ; **24** *hd* Art Directors & Trip Photographic Library/A. Tovy ; **25** *cd* The Art Archive/Naval Museum, Gênes/Dagli Orti ; **26** *hg* The Bridgeman Art Library ; **26** *cd* Corbis ; **26** *bg* The Bridgeman Art Library/Library of Congress, Washington D.C. ; **28** *hd* The Bridgeman Art Library ; **29** *hd* The Bridgeman Art Library/Victoria & Albert Museum, Londres ; **31** *hg* British Library 10460.ee.15 ; **31** *hd* National Maritime Museum Picture Library ; **31** *cd* The Art Archive ; **33** *c* yourexpedition.com ; **34** *bg* AKG Londres ; **37** *cd* The Bridgeman Art Library/Brooklyn Museum of Art, New York ; **37** *bg* AKG Londres ; **38** *bg* The Art Archive/Musée des Arts Africains et Océaniens/Dagli Orti ; **39** *hd* The Royal Geographical Society ; **39** *cd* Science & Society Photo Library/National Museum of Photography, Film & TV ; **40** *hg* National Maritime Museum Picture Library ; **41** *hd* AKG Londres ; **41** *cd* The Art Archive ; **42** *hd* The Art Archive ; **44** *bg* Corbis ; **45** *hd* Corbis ; **46** *cg* Science Photo Library ; **49** *hg* The Art Archive/Navy Historical Service, Vincennes, France/Dagli Orti ; **49** *hd* The Natural History Museum, Londres ; **50** *cd* The Royal Geographical Society/Alfred Gregory ; **51** *hg* The Art Archive/University Library, Genève/Dagli Orti ; **51** *cg* Chris Bonington Picture Library ; **53** *hg* BBC Natural History Unit Picture Library ; **53** *cd* Corbis ; **53** *bc* Science Photo Library ; **54** *hg* Science Photo Library ; **54-55** *c* Science & Society Picture Library ; **55** *hg* The Art Archive/South Australia Art Gallery ; **56** *bd* The Bridgeman Art Library ; **57** *cg* Science Photo Library/GE Astro Space.

Rien n'a été négligé pour retrouver les propriétaires des copyrights.
Cependant, tout oubli éventuel ou erreur sera réparé lors d'une réimpression.

Quelques sites internet utiles :
www.nationalgeographic.fr
www.google.fr
www.cybergeo.presse.fr

École Porter Street School
728 Porter Street
Coquitlam, BC   V3J 5B4

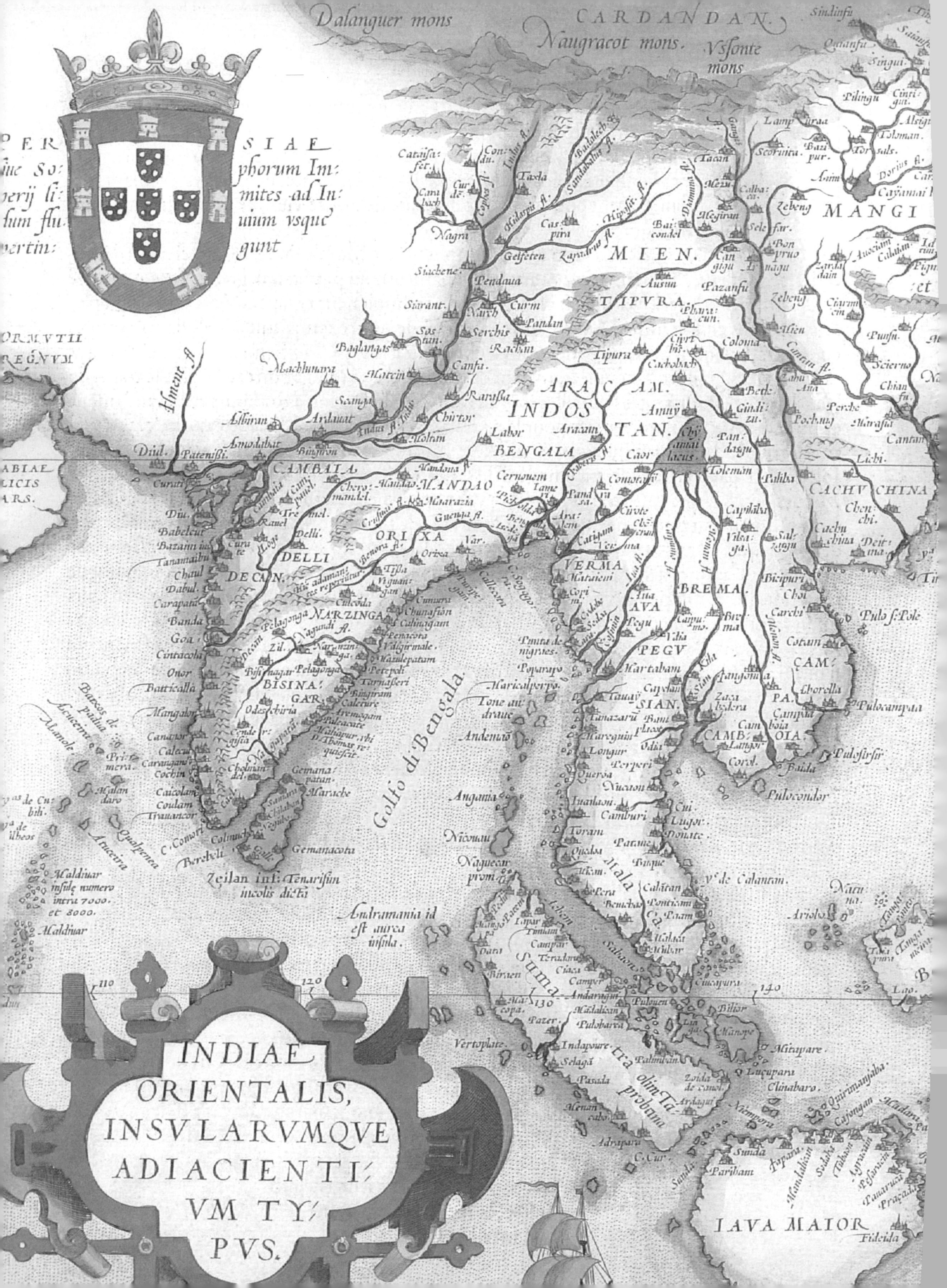
INDIAE ORIENTALIS, INSVLARVMQVE ADIACIENTIVM TYPVS.
Dalanguer mons
CARDANDAN.
Naugracot mons.
Vssonte mons
PERSIAE sive Sophorum Imperij limites ad Indum fluvium usque pertingunt
ORMVTII REGNVM
MANGI
MIEN.
TIPVRA.
ARACAM.
INDOSTAN.
BENGALA
CAMBAIA
MANDAO
ORIXA
DELLI
DECAN.
NARZINGA
BISINAGAR
VERMA
AVA
PEGV
BREMA.
SIAN.
CAMBOIA
CAM
CACHVCHINA
Golfo di Bengala
Zeilan insula: Tenarisim incolis dicta
Maldiuar insulae numero intra 7000. et 8000.
Andramania id est aurea insula.
Sumatra olim Taprobana
Malaca
IAVA MAIOR
Chiamai lacus
Indus fl.
Goa
Cochin
Diul
Cambaia
Calecut
C. Comori
Martabam
Pegu
Tanazarui
Pulocondor
Pulocampaa
110
120
130
140